REGULARIZAÇÃO FUNDIÁRIA URBANA

Comentários à Lei nº 13.465, de 11 de julho de 2017

Modelos práticos

Impresso no Brasil | *Printed in Brazil*

EDITORA DEL REY LTDA.

www.editoradelrey.com.br

Editor: Arnaldo Oliveira

Editor Adjunto: Ricardo A. Malheiros Fiuza (*in memoriam*)

Coordenação Editorial: Letícia Neves

Diagramação e revisão: Know-how Desenvolvimento Editorial

Editora:
Rua dos Goitacazes, 71 – Lojas 20 a 24
Centro – Belo Horizonte – MG
CEP 30190-050

Comercial:
Tel.: (31) 3284-3284
vendas@editoradelrey.com.br

Editorial:
Tel.: (31) 2516-3340
editorial@editoradelrey.com.br

O96r Ovando Junior, Altivo.
Regularização Fundiária Urbana: Comentários à Lei nº 13.465 de 11 de julho de 2017 / Altivo Ovando Junior. – 1. ed. – Belo Horizonte, MG : Editora Del Rey, 2021.
136 p.; 14x21 cm.

Inclui bibliografia.
ISBN 978-65-5791-042-9

1. Direito Urbanístico. 2. Lei 13.465/2017. 3. Propriedade. 4. Regularização Fundiária. I. Título. II. Assunto. III. Ovando Junior, Altivo..

CDD 342.1232
CDU 347.232

Ficha catalográfica elaborada pelo bibliotecário Pedro Anizio Gomes CRB-8 8846

Altivo Ovando Júnior
Arquiteto, Urbanista e Advogado, atuante em Direito Urbanístico,
Mestre pela Universidade de São Paulo – USP/PROMUSPP e
Doutorando pela Universidade de São Paulo –
USP/Programa Humanidades, Direitos e
Outras Legitimidades. Bolsista CAPES.

REGULARIZAÇÃO FUNDIÁRIA URBANA

Comentários à Lei nº 13.465, de 11 de julho de 2017

Modelos práticos

Del Rey editora

Belo Horizonte
2021

À Dona Tina e ao Dr. Altivo, que receberão lá no outro plano
o meu beijo de agradecimento por apenas tudo!

E aos meus 4 A, Anahi, Altivo Neto, Ana Catharina
e Alejandro, pela luz que são no meu caminhar.

AGRADECIMENTOS

Agradeço à Adilana Goulart Silva Ovando "só" por ser a companheira, a amiga, a amante, a mãe, a conselheira, a colega, a tutora de informática, a incentivadora, a corretora, a consultora de Trabalho Social, a opinadora, a tiradora de dúvidas e a parceira nesse feito, que, para mim, é a realização de um velho sonho que já estava meio adormecendo.

À Marta e à Maria Fernanda por exercerem na vida um papel tão belo e grandioso representado pela palavra irmandade, que elas sabem desempenhar de maneira tão amorosa e plena.

Ao meu Editor Arnaldo Oliveira, e à Letícia Neves, da Editora Del Rey, por terem no primeiro momento acreditado neste projeto, ajudado, orientado, opinado e viabilizado este livro.

À CAPES – Coordenação de Aperfeiçoamento de Pessoal de Nível Superior – pela bolsa, que me permitiu dedicar-me a esta produção.

APRESENTAÇÃO

Este livro é dirigido aos mais diversos profissionais e pessoas comuns que atuem na área de habitação popular, ou por dever profissional ou por vocação e determinação voluntária.

Muito embora o enfoque dele seja numa lei específica, a mais recente lei de regularização fundiária urbana, a Lei Federal nº 13.465/2017, não é um livro de Direito, pois não se pretende como tal. Aliás, muito pelo contrário. Entendo que, via de regra, os livros que tratam de assuntos jurídicos são de difícil assimilação por quem não é profissional da área, e dessa forma deixam de dar uma contribuição maior à sociedade e àqueles que precisam ou que queiram ter noções básicas da lei para melhor atuar em suas vocações e escolhas ou em sua prática profissional.

Assim, profissionais das mais diversas áreas, como Geografia, Serviço Social, Engenharia, Arquitetura e Urbanismo, Direito obviamente e outras áreas afins, bem como associações de moradores, entidades da sociedade civil, ONGs, sindicatos, faculdades, núcleos de atendimento a direitos humanos, podem fazer bom uso desse livro.

Procurei fugir o máximo possível do linguajar jurídico, o famoso "jurisdiquês", para torná-lo mais palatável e compreensível. Procurei ainda usar termos e definições de forma compreensível às mais diversas pessoas que possam vir a lê-lo. E incluí algumas opiniões pessoais com o único intuito de colaborar na formação de uma ideia sobre esse tema tão importante e complexo na vida do brasileiro.

O livro aborda uma parte da recente Lei nº 13.465/2017, aquela que julguei a mais importante para a compreensão de sua dimensão e aplicabilidade. A depender da necessidade, ele pode vir a ser complementado com uma segunda parte, que aborde os demais temas não tratados aqui. Como dito, não se propõe a ser uma obra jurídica, nem tampouco um curso de regularização fundiária. A pretensão é que sirva para ajudar a todos aqueles que atuam para garantir o direito constitucional a uma moradia digna aos cidadãos, e com isso ir melhorando nossas cidades.

SUMÁRIO

LIVRO I
Abordagem conceitual

SUMÁRIO

INTRODUÇÃO

> Durante dez anos o Brasil teve um dono. Ao fechar um contrato de exclusividade para exploração do pau-brasil, em 1502, o cristão-novo Fernão de Noronha arrendou a Colônia por três anos, à frente de um consórcio de judeus conversos. O acordo teria sido renovado em três ocasiões. As obrigações eram: explorar o pau-brasil, defender a terra contra a cobiça, já viva, de espanhóis e franceses, estabelecer uma feitoria, explorar 900 léguas de litoral e pagar um quinto dos lucros à Coroa.[1]

Foi assim que as coisas começaram aqui na nossa querida Pindorama. Desde a descoberta, nosso país convive com o apossamento de terras e a sua exploração. Lá se vão nada menos do que cinco séculos.

Falando em apossamento, vale logo de início apontar a distinção básica dos termos utilizados em "jurisdiquês" que acabam gerando certa confusão, por serem parecidos na origem, mas bem diferentes na essência e nas consequências: posse, apossamento, possuidor, posseiro, composse e, para concluir o rol, o termo exclusividade.

Vamos lá, um por um, mas fugindo da conceituação aprofundada usada no universo jurídico, que poderá ser pesquisada lendo-se os autores consagrados do Direito Civil, Administrativo e Urbanístico:

- **Posse:** há inúmeras definições jurídicas completas e complexas, mas como o intuito aqui é simplificar as coisas, vou tentar dessa forma. Peguemos a propriedade como ponto de partida. Propriedade de um imóvel só é assim considerada – propriedade – se tiver registro no Cartório de Imóveis em nome da pessoa que se diz dona. Tem um velho ditado que diz: "só é dono quem registra". No Cartório tem que ter a Matrícula do imóvel (o que seria o RG do imóvel),

1 BUENO, Eduardo. *Brasil*: uma história: cinco séculos de um país em construção. Rio de Janeiro: Leya, 2012. p. 34.

e nessa matrícula constarão a sua descrição completa, os confrontantes (terrenos vizinhos), o endereço, o histórico de alterações, de gravames e de mudanças de mãos. Cada imóvel em dado município só tem um único número de matrícula. Pois bem, nesse registro imobiliário tem que constar ainda que em tal data, por força de tal contrato, o imóvel passou de fulano de tal para sicrano. Estando assim, pode-se dizer que aquele bem pertence ao tal sicrano, ou seja, ele é o proprietário de fato e de direito. Se não constar isso no registro do imóvel a pessoa não é considerada proprietária perante o Direito. Ela poderá ser considerada como possuidora daquele bem, mas não proprietária. Essa a diferença em linhas gerais.

E sendo ela possuidora, poderá sê-lo com algumas características diferentes, que terão importância para a regularização. Logo mais adiante veremos essas diferenças, mas por enquanto voltemos aos termos jurídicos.

- **Apossamento:** ocorre quando o poder público se apossa de um bem particular sem que tenha havido um processo de desapropriação ou um acordo entre ambos para que o imóvel seja utilizado para algum uso público ou de interesse social.
- **Possuidor:** é o detentor da posse, aquele que se diz dono, que acha mesmo que é o dono, até descobrir que para ser dono precisaria ter o registro em seu nome. Mas ele tem direitos como possuidor. Tanto que há várias normas legais que o protegem e lhe dão poderes, inclusive a possibilidade de vir a ser declarado verdadeiro dono e ter seu nome inscrito na matrícula do imóvel. Isso é o que acontece como resultado de uma ação de usucapião. Faz o imóvel mudar de mãos. Passa a constar na matrícula que o imóvel, por força de sentença judicial no processo número tal, deixa de pertencer ao anterior proprietário e passa a pertencer a esse novo, por usucapião.
- **Posseiro:** é termo mais usual no Brasil para designar o homem do campo, da roça, que planta num terreno que não é dele e divide o rendimento com o dono. É o chamado

meeiro, o que arrenda a terra de outra pessoa para trabalhar nela. Ele não pode ou não tem condições econômicas para ter sua própria terra, e o verdadeiro dono não tem condições ou não tem interesse em trabalhar nela, em fazer o serviço braçal. Então os dois fazem uma "sociedade" em que um entra com a terra e o outro com o trabalho, e dividem entre si o rendimento gerado. É o chamado contrato de "a meia", formalmente chamado de Contrato de Parceria Rural ou de Parceria Pecuária.

- **Composse:** é a posse exercida por duas ou mais pessoas, que exercem simultaneamente a posse sobre a mesma coisa. É o "condomínio da posse". Condomínio é o domínio comum a duas ou mais pessoas. Não estamos falando de condomínio de apartamentos, isso é outra coisa com o mesmo nome, embora faça sentido jurídico. "Com-domínio" é o domínio comum. Tudo pode ser adquirido em condomínio. Você compra uma bicicleta com seu irmão, meio a meio, ela será um condomínio de vocês dois, uma bicicleta em condomínio. O imóvel também pode ser adquirido dessa forma, e é assim em muitas cidades brasileiras. Compra-se um lote em duas famílias e se divide ao meio, cada uma ficando com o chamado meio lote. Na verdade, enquanto não for feita a averbação dessa divisão na matrícula do imóvel (o conhecido desdobro), o que existirá juridicamente será um único imóvel pertencente a dois ou mais donos, ou seja, um lote em condomínio. (Não estamos falando em condomínio de casas, de alto padrão, fechados e com porteira, não é isso.)

Se, no entanto, esse terreno não estiver devidamente registrado, não tiver matrícula, ou tiver matrícula, mas nela não tenham sido feitas as devidas alterações, estará então caracterizada a posse comum a duas ou mais pessoas, ou a composse, e não a propriedade comum, o "com-domínio".

Em poucas e singelas palavras, esses são os sentidos práticos desses termos. Obviamente, frisa-se que existe muito mais aprofundada conceituação jurídica para cada um deles, há livros específicos a cada um desses termos, mas, como já dito, o objetivo aqui é simplificar ao máximo as coisas, mantendo-se o devido respeito aos autores didáticos.

Voltando ao parágrafo inicial, Eduardo Bueno fala sobre "feitoria", "contrato de exclusividade" e "exploração". Essas são três características de cunho essencialmente jurídico que foram determinantes para a formatação territorial do Brasil, e que ainda estão em voga, mesmo depois de 500 anos. "Feitoria" é tema da maior relevância neste texto e será visto mais adiante. Mas não podemos deixar de comentar a outra questão: contrato de exclusividade.

- **Contrato de exclusividade:** é dos pactos mais comuns no Direito das Obrigações. São inúmeras situações em que esse princípio é a base do contrato. Os exemplos mais comuns ocorrem entre empresas pequenas que prestam serviço para outras maiores, ou em contratos de franquia, de representantes comerciais, nas comunicações, enfim, em muitos casos. Embora seja muito comum e largamente utilizado, esse tipo de cláusula pode trazer embaraços se não for bem entabulada, pois pode acarretar certa atrofia àquele que se submete a ser exclusivo do contratante. É comum nos Tribunais ver ações tramitando em que o contratado sob o regime de exclusividade pretende romper tal vínculo, libertando-se do contratante para poder alçar novos voos, deixando de ser exclusivo, e é sempre uma luta árdua conseguir romper esse vínculo.

Foi o que se viu com a situação narrada no início do texto com nosso país. Por dez anos vigorou um contrato de exclusividade sobre um país inteiro para uma única pessoa, Fernão de Noronha. Ele tinha suas obrigações contratuais, é claro, mas gozava de um direito que pouquíssimos felizardos podiam ter.

CONFLITOS FUNDIÁRIOS

Na história do Brasil os conflitos de origem fundiária são inerentes à nossa própria evolução cronológica. Desde o início da ocupação da *terra brasilis* até os dias atuais, os conflitos fundiários jamais cessaram e, ao que tudo indica, não cessarão tão cedo, infelizmente. Isso porque na base desse conflito está uma estrutura fundiária que se mostrou equivocada desde seu nascedouro, e que nunca foi corrigida. Se nos primeiros séculos os conflitos se davam prioritariamente no campo, nos dois últimos passaram a ocorrer também nas cidades. Hoje campo e cidade são palcos de uma "luta" sem fim entre interesses que deveriam e poderiam ser sincrônicos se o centro nevrálgico da questão fosse o ser humano. Mas não é. A terra é o objeto central, apropriação e desejo que geram cobiça e discórdia. Ela é necessária às pessoas, ela se valoriza e se desvaloriza, ela produz, enriquece, se herda, se contamina, alaga, desliza... A terra empodera e desempodera. A terra dá vida e dá morte. A terra une e desune. A terra enobrece e empobrece.

Assim é que desde que os estrangeiros aqui chegaram – respeitando-se as versões se eram portugueses, espanhóis, holandeses etc. – fato é que aqui já havia gente, cultura, enraizamento, vínculo, territorialidade, simbiose homem/natureza. Mas essas pessoas que já estavam por aqui foram desrespeitadas, espoliadas, desterritorializadas, desenraizadas, dizimadas, aviltadas no âmago de suas crenças, direitos e verdades. O invasor chegou e levou..., mas também não foi sem enfrentamento bravo e altivo dos nativos. Levou-se muito de nós, brasileiros, mas não tudo, e acabaram deixando muito de si por aqui também.

Então, pode-se dizer, com o perdão do reducionismo, que nossa história teve início pelo conflito fundiário. E faz só cinco séculos que assim vivemos!

A essência que se deve ter em foco na questão fundiária é que o poderio sobre a terra se dá pelo valor econômico que ela tem ou que ela gera, e não pela sua razão natural. A ela foi atribuído papel protagonista de matéria, instrumento, "coisa", a "*res*" do direito romano. Os povos nativos da maior parte do mundo não davam a ela esse papel, ela não era "*res*" (coisa) para eles, mas uma extensão imbricada de todo o conjunto da natureza em que se imiscuem bichos, plantas, astros, águas, gases, ritos, vidas. Enfim, ela era parte da natureza, não um objeto ao qual se devesse atribuir valor mercantil.

PROPRIEDADE

No momento em que a terra se transformou em "res", passou a ser fonte de disputa permanente por sua apropriação e exploração, já que trouxe consigo o sentido de "valor econômico", de mercadoria. Passou-se a buscar, a lutar, a guerrear pelo seu domínio, e isso gerou consequências jurídicas até os dias de hoje. A luta pelo domínio da terra é uma guerra, com todas as mazelas que uma batalha dessa envergadura carrega consigo.

Esse conceito é muito bem descrito pelo Prof. Silvio Rodrigues:

> O domínio é o mais completo dos direitos subjetivos e constitui o próprio cerne do direito das coisas. Aliás, poder-se-ia mesmo dizer que, dentro do sistema de apropriação da riqueza em que vivemos, a propriedade representa a espinha dorsal do direito privado, pois o conflito de interesse entre os homens, que o ordenamento jurídico procura disciplinar, manifesta-se, na quase totalidade dos casos, na disputa sobre bens.[2]

Não obstante haver o necessário contraponto entre o interesse público e o interesse privado, assegurado pelo Direito Administrativo ou Direito Público, fato é que mesmo havendo previsão legal e até constitucional da supremacia do interesse público sobre o privado, as decisões dos Tribunais mostram que tais previsões legais nem sempre se materializam na vida cotidiana do mundo real, nem com a frequência que seria desejável.

O conceito de propriedade no Direito romano – que é a origem do nosso Direito- traz na sua raiz a ideia do "domínio", o "*dominus*" do latim, e a utilização do termo "jus" aparece com significados diferentes algumas vezes. O que interessa para nós é que surge até mesmo um contraponto em relação ao caráter absolutista que a propriedade veio a ter com o desenvolvimento da sociedade industrial. "Jus" diz respeito à ideia do "justo", ideia que foi incorporada na era moderna como sendo o justo direito ao uso da propriedade como um direito inquestionável em favor de quem detém seu domínio, de

[2] RODRIGUES, Silvio. *Direito civil*. 27. ed. São Paulo: Saraiva, 2002. p. 76.

quem exerce o poder sobre o bem. Ocorre, todavia, que essa interpretação advinda do Direito romano foi parcialmente distorcida, tomando uma proporção que não correspondia àquela ideia do "justo", pois que o justo tinha mais um sentido de função econômica e social da propriedade do que a característica absoluta e individualista que acabou tendo, distorcendo o sentido original.

Escreve Varela[3] que "a equiparação entre '*jus*' (enquanto direito subjetivo) e '*dominium*', ou atribuição de caráter individualista e absoluto à propriedade romana, é fruto da construção da ciência jurídica moderna, que não guarda relação com o sentido originário da propriedade romana".

Essa discussão em torno do sentido da propriedade em si é relevante para o questionamento sobre o objetivo da existência da apropriação de um bem. Destaca-se aqui o valor dado à propriedade. Vimos que no Direito romano prevalecia o sentido da "*res*", da coisa material, sobre o sentido do valor daquela coisa para o ser humano. A coisa tinha valor; já a sua integração com o homem nem tanto. Daí advém a questão sobre a destinação da propriedade, questão trazida na maioria das legislações dos países de tradição cristã.

A Constituição brasileira é uma dessas normas que procuram reger esse assunto, valorizando o uso dado à propriedade como sendo mais relevante do que o valor da propriedade como matéria. Daí advém o conceito de função social da propriedade. A destinação econômica dada à propriedade se sobressai em relação ao simples valor do bem. Ao menos é o que consta do texto constitucional. A prática, todavia, não corresponde necessariamente ao conceito.

Apenas para traçar um paralelo ilustrativo, o atual Código Civil brasileiro prevê, em seu artigo 1.228, que "*o proprietário tem a faculdade de usar, gozar e dispor da coisa, e o direito de reavê-la do poder de quem quer que injustamente a possua ou detenha*".

O termo "injustamente" nele utilizado não tem caráter social ou ideológico. É termo essencialmente jurídico. Diz respeito à pessoa que não disponha de um documento probatório da aquisição

[3] VARELA, Laura Beck. *Das sesmarias à propriedade moderna*: um estudo de história do direito brasileiro. Rio de Janeiro: Renovar, 2005. p. 16.

do bem, tal como um contrato válido, um termo de compromisso de compra e venda, o registro no cartório de imóveis ou, ainda, que tenha recebido o bem por herança ou doação. Não dispondo de um documento dessa natureza, a lei imputa a essa pessoa que a posse por ela exercida é injusta. Sendo assim, estará desprovida de ampla cobertura legal. Por isso o proprietário terá a possibilidade de reaver a coisa de quem está na posse dela, já que essa posse será considerada pela lei como "injusta". Apesar desse embasamento legal, entendo que injusto é o proprietário deixar um imóvel abandonado e sem uso enquanto seres humanos moram na rua ou debaixo de viadutos, mas essa é outra discussão.

Direito não tem olhos, ou melhor, os têm vendados, como se vê na representação pela estátua da Deusa da Justiça, Têmis. Têmis não julga pela aparência, julga levando em conta apenas o direito de cada uma das partes envolvidas. Ela, a Deusa Têmis, é a representação do ideário de Justiça na ótica romana. Na Grécia, a Deusa da Justiça era Diké, filha de Zeus. Curiosamente, ambas carregam a espada e a balança, mas Têmis, a Deusa romana adotada por nós, tem seus olhos vendados, imagem tradicional para os brasileiros, para que não veja quem ela está julgando, pois todos são iguais perante a lei. Já a Deusa Diké, grega, tem seus olhos abertos, representando a busca pela verdade, observando para bem julgar.

O Prof. Tércio Sampaio Ferraz Jr.[4] discorre sobre as características das Deusas simbólicas da Justiça, e destaca que Diké significava o poder de estabelecer o equilíbrio social, e seus olhos abertos eram para observar tudo o que era relevante na sociedade para que a aplicação da lei fosse a mais justa possível. Já Têmis tem os olhos vendados que seria para ouvir e fazer a justiça, sem ver para quem era, buscando a isonomia, o tratamento igual para todos.

Parece que deveria haver uma terceira representação para o nosso caso, que fosse um pouco de cada uma delas, com certa inovação à brasileira, algo como uma venda nos olhos, mas com uma puxadinha para baixo, a espiar quem é o destinatário da decisão a ser tomada.

4 Anotações de aula em curso de mestrado, Faculdade Paulista de Direito, novembro 2014.

ESTATUTO DA CIDADE – LEI Nº 10.257/2001

O tema objeto deste livro ganhou relevo especialmente com a edição da Lei nº 10.257, de 10 de julho de 2001, conhecida como Estatuto da Cidade. Essa lei veio regulamentar os artigos 182 e 183 da Constituição Federal, que trata da Política Urbana. Como a Constituição de 1988 foi resultado de intensas e intestinas negociações – a Assembleia Nacional Constituinte foi eleita em 1986, um ano após o fim do regime militar instaurado em 1964 – esse capítulo da Política Urbana não fugiu à regra geral. Foram apresentadas inúmeras propostas oriundas de discussões havidas no seio da sociedade civil, movimentos sociais de moradia e organizações de categorias profissionais vinculadas ao tema.

Tais propostas foram debatidas nas Comissões temáticas da Assembleia Constituinte, votadas nas Comissões temáticas e levadas para deliberação em plenário. Nesse processo legislativo as negociações entre as várias bancadas se deram de forma intensa e alguns embates foram registrados, especialmente envolvendo os grupos identificados como mais à esquerda ou mais à direita do espectro ideológico.

Fato é que nas negociações entre as bancadas, e pela premência do tempo, muito do que deveria ter sido discutido a fundo foi sendo deixado de lado com o uso quase indiscriminado da expressão colocada no final dos artigos que "deverá ser regulamentado por lei especial". Assim foi em muitos temas importantes, incluindo o da Política Urbana.

Essa "estratégia" fez com que muito do que se discutiu durante a Assembleia Constituinte perdeu-se no tempo. O país pôde vivenciar a volta da possibilidade de dialogar e de discutir temas caros à sociedade brasileira depois de 21 anos de regime autoritário. Infelizmente, porém, devido a manobras da bancada do chamado "Centrão", tais discussões tiveram que ser deixadas para futura regulamentação, e muitas jamais o foram, apesar de centenas de projetos de lei visando tais regulamentações tramitarem já há mais de duas décadas, sem que se tenha dado um só passo para que a meta fosse alcançada. Muitas consequências danosas à sociedade são frutos desse desdém para com temas importantes ao povo brasileiro. Mas, pior do que tudo, é que nesse vácuo legal deixado pelos congressistas, o Poder Judiciário resolve preenchê-lo, passando a legislar em vez de se limitar a julgar e interpretar a lei. É o que vem sendo chamado de "ativismo Judiciário". Confundem-se aqui os papéis e atribuições na organização tripartite da República brasileira.

Para os agentes atuantes na questão da Política Urbana, felizmente, não foi para o limbo do esquecimento a luta pela regulamentação dos artigos 182 e 183. Embora tenham transcorridos longos treze anos entre a promulgação da Constituição Federal e a edição do Estatuto da Cidade, ele representou expressivo avanço para a questões habitacionais e urbanas. Vale realçar a atuação das entidades profissionais dos arquitetos e urbanistas do Brasil e dos movimentos sociais de moradia para a promulgação do Estatuto da Cidade, reunidos no Fórum Nacional de Reforma Urbana. Menção justa também se faz ao Senador Pompeu de Souza (PMDB-DF), que então acolheu o Projeto de Lei de Iniciativa Popular apresentado pelos movimentos sociais de moradia de todo o país e deu tramitação a ele dentro do Congresso Nacional.

DIREITO URBANÍSTICO

Esse ramo do direito é uma emulsão do Direito Civil e do Direito Administrativo. No tocante à propriedade privada e à sua defesa, prevalecem os preceitos inerentes ao Direito Civil, já vistos acima. No que tange ao interesse público, as regras e normas do Direito Administrativo é que se sobrepõem. Como se sabe, o interesse privado pode ser exercido livremente, mas com certas restrições quando se confronta com o interesse público.

Os direitos de propriedade, na linguagem técnico jurídico, se consubstanciam em: o *jus utendi*, o *jus fruendi* e o *jus abutendi*.

O *jus utendi* é o direito de usar a coisa conforme a vontade do proprietário, e também o de repelir pessoas estranhas. O *jus fruendi* é o direito de colher os frutos que a coisa produzir, de fruição, de explorá-la economicamente. E o *jus abutendi* é o direito de dispor da coisa, de vendê-la quando quiser, doá-la, enfim dar o destino que se quiser. Essas três características definem o que é o direito de propriedade. O dono pode usar a coisa como quiser, pode colher seus frutos, como por exemplo o aluguel, e pode vender ou doar a quem quiser. Isso é o que permite o direito de propriedade.

Temos, assim, que o exercício desses direitos é livre, mas somente até o limite em que venham a afetar o interesse público ou o interesse de outro proprietário. Daí advém as normas de Direito Administrativo e de Direito Urbanístico. O primeiro rege a convivência entre o público e o privado; o segundo rege também essa convivência, mas inclui ainda os limites entre particulares, até que ponto cada pessoa pode exercer o seu direito e onde começa o direito do outro visando o convívio social harmônico.

Isso é muito visível ao se olhar para qualquer lote urbano numa rua das nossas cidades e ver que entre duas casas existe normalmente um muro divisório. Esse muro, mais do que uma somatória de tijolos sobrepostos, é o marco físico de um direito de propriedade. Ele serve, além de todas as funções usuais, para delimitar o direito de propriedade entre os vizinhos. Nenhum deles pode ultrapassar aquela barreira que, mais do que física, é uma barreira jurídica. Ainda que não exista muro algum, a linha demarcatória dessa divisa se impõe a ambos os vizinhos. Quem avançar sobre esse limite tem que devolver ou indenizar o outro, ou ambas as coisas. Da mesma forma uma casa não pode deixar com que o seu telhado despeje águas da chuva sobre o imóvel vizinho, ou que uma janela da casa fique no limite do muro divisório.[5]

Além dessas questões envolvendo direitos entre vizinhos, existem também limitações para o particular em relação ao espaço público. Nenhuma construção pode ultrapassar o limite existente entre o terreno e a calçada, divisa essa chamada de "alinhamento". Ou seja, não se pode ocupar a calçada com nenhuma parte da construção,

[5] Artigo 1.277 do Código Civil: O proprietário ou o possuidor de um prédio tem o direito de fazer cessar as interferências prejudiciais à segurança, ao sossego e à saúde dos que o habitam, provocadas pela utilização de propriedade vizinha.

Artigo 1.301. É defeso abrir janelas, ou fazer eirado, terraço ou varanda, a menos de metro e meio do terreno vizinho.

Artigo 1.300. O proprietário construirá de maneira que o seu prédio não despeje águas, diretamente, sobre o prédio vizinho.

seja muro, escada, varanda etc. Nem mesmo a projeção dos andares elevados podem recair sobre a calçada.

Regra equivalente vale para os subsolos. Nenhuma construção subterrânea pode ultrapassar o limite entre o terreno e a calçada que estão acima dela, já que esse espaço deve ser reservado para a passagem de fiação e tubulações. Mas inúmeras garagens dos condomínios de alto padrão ultrapassam esse limite, e a fiscalização, apesar de bem aparelhada, não consegue detectar tais deslizes.

Essas normas foram transladadas do Código Civil francês, o Código Napoleônico, inspirado nos resultados da Revolução francesa. Na realidade, tais ideias vêm de tempos remotos, do Direito romano, como vimos. De cunho individualista, a legislação em grande parte do mundo segue essa mesma linha, e nesse contexto individualista a propriedade ganha sempre destaque e proteção, bem como a concepção do livre mercado.

Tanto é assim que a Constituição Federal brasileira traz esse conceito como Princípio Constitucional. Logo em seu artigo 1º diz o texto legislativo máximo:

> A República Federativa do Brasil [...] constitui-se em Estado Democrático de Direito e tem como fundamentos:
>
> IV – os valores sociais do trabalho e da livre iniciativa;

No Capítulo da Ordem Econômica, estipula no artigo 170, também como Princípio constitucional:

> A ordem econômica, fundada na valorização do trabalho humano e na livre iniciativa, tem por fim assegurar a todos a existência digna, conforme os ditames da justiça social, observados os seguintes princípios:
>
> II – propriedade privada;
>
> III – função social da propriedade;

Além do destaque para o cunho privatista da Carta Magna, merece realce o fato de constar, lado a lado, a garantia da existência da propriedade privada e da livre iniciativa com a garantia de direitos sociais como o trabalho e a função social da propriedade. Isso se deve ao momento em que foi elaborada a Constituição. De fato, foi exitosa a inclusão de inúmeras garantias sociais no texto constitucional. E essas conquistas se devem especialmente à participação de notórias figuras políticas que integraram a Assembleia Nacional Constituinte.

Segundo Luziano Pereira Mendes de Lima, em sua Dissertação de Mestrado apresentada junto ao Departamento de Ciência Política do Instituto de Filosofia e Ciências Humanas da Universidade Estadual de Campinas, intitulada *A atuação da esquerda no processo constituinte: 1986-1988*, o Congresso Constituinte se compunha com o seguinte número de parlamentares divididos por espectro ideológico autointitulado: bancada de esquerda: 95 parlamentares; bancada de centro esquerda: 77; bancada de centro: 61; bancada de direita: 142; bancada de centro direita: 184; TOTAL: 559.[6]

O resultado final da Assembleia Constituinte foi decisivamente influenciado pelas suas regras internas, pelo Regimento que estruturou os trabalhos, e não tanto pela agregação das preferências individuais dos constituintes. Isso teve forte impacto na elaboração do projeto que foi à votação em Plenário, pois era nas Comissões temáticas que as propostas eram formatadas. E foi justamente na composição e na forma de votação das Comissões temáticas que o Centrão impôs derrotas expressivas contra as alterações regimentais que o bloco progressista propunha, e que resultaria noutro tipo de negociação para aprovação dos artigos para o texto final, ou seu adiamento utilizando aquele artifício do "será elaborada lei específica sobre o assunto".

E foi o que ocorreu com o tema da Política Urbana. O artigo 182 da Constituição diz que *"a política de desenvolvimento urbano, executada pelo Poder Público Municipal, conforme diretrizes gerais fixadas em lei, tem por objetivo [...]"*. Esse termo "fixadas em lei" significa que leis de desenvolvimento urbano deveriam ser elaboradas, em todos os níveis da administração pública a partir de então. Planos

---

6 LIMA, Luziano Pereira Mendes de. *A atuação da esquerda no processo constituinte:* 1986-1988. 2009. Dissertação (Mestrado em Direito) – Instituto de Filosofia e Ciências Humanas da Universidade Estadual de Campinas, Campinas, 2009. p. 114.

futuros. No caso das cidades, isso felizmente acabou acontecendo, com o Estatuto das Cidades.

FUNÇÃO SOCIAL DA PROPRIEDADE

Uma das mais interessantes e aparentemente contrapostas posições presentes na Constituição Federal, ao menos para a questão habitacional, é a presença simultânea do direito quase absoluto de propriedade e da obrigação de dar à ela uma função social, o que não é de hoje, diga-se.

Está no artigo 5º:

- *inciso XXII – é garantido o direito de propriedade;*
- *inciso XXIII – a propriedade atenderá sua função social;*

No Capítulo da Ordem Econômica lá estão presentes novamente esses dois princípios. Lê-se no *caput* do artigo 170: *A ordem econômica, fundada na valorização do trabalho e na livre iniciativa, tem por fim assegurar a todos existência digna, conforme os ditames da justiça social, observados os seguintes princípios:*

- *inciso II – propriedade privada;*
- *inciso III – função social da propriedade;*

E o artigo 182, capítulo da Política Urbana, determina que a política de desenvolvimento urbano tem por objetivo ordenar o pleno desenvolvimento das funções sociais da cidade.

O primeiro e mais relevante autor que tratou do tema da função social da propriedade no Direito foi o francês León Duguit. Nascido em 1859, especializou-se no Direito Público, matéria que lecionou na Faculdade de Direito de Bordeux, de onde se tornou decano, lá trabalhando até sua morte em 1928. Ele travou incessante batalha contra a corrente de pensamento que defendia a existência dos direitos subjetivos, afastando a metafísica e o direito natural. Entendia que o Direito deve se basear na realidade e ser positivo. Reconhecia ser adepto das ideias de Comte.

Para ele não existia o Estado como instituição, mas apenas governantes que exercem o poder e impõem suas vontades aos governados, por meio da força. A soberania, tão cantada em verso e prosa pelos políticos, é nada mais do que uma ideia metafísica, sem qualquer correspondência com a realidade. Os governantes devem governar com base na realidade e exercer seu poder de comando, dentro do regramento jurídico positivado, ou seja, seguindo as normas estabelecidas em lei. A norma é anterior e superior ao governante, e se impõe a todos, governantes e governados.

Duguit assim descreveu a raiz de seu pensamento:

> O homem vivendo em sociedade tem direitos; mas, estes direitos não são prerrogativas que lhe pertencem, por ser homem; são poderes que lhe pertencem porque, sendo homem social, ele tem um dever a cumprir e deve ter o poder de cumprir o seu dever. Vê-se que se está longe da concepção do direito individual. Não são os direitos naturais, individuais, imprescritíveis do homem, que fundamentam a regra de direito que se impõe aos homens vivendo em sociedade. É ao contrário, porque existe uma regra de direito que obriga cada homem a cumprir uma certa função social, que todo homem tem direitos e têm, assim, por princípios e por medida a missão que ele deve desempenhar. Esta noção do direito fundado sobre a ideia do dever, com o ele mesmo declarou, foi bebê-la na Política Positiva, de Augusto Comte, onde está escrito — *"Nul ne possède plus d'autre droit que celui de faire toujours son devoir"*.[7]

Em contraposição ao individualismo presente no pensamento reinante do Direito até então, é Duguit quem traz a noção da finalidade social do Direito, em conjunção com as obrigações atinentes a cada homem por viver em sociedade.

Miguel Reale discorre que para Duguit "*o Estado, ou mais precisamente o Governo, seria apenas uma ordenação de serviços para apreender a vontade popular, traduzindo-a em regras destinadas à defesa da comunidade*".[8]

---

7 COSTA, Moacir Lobo da. *O direito público subjetivo e a doutrina de Duguit*. São Paulo: Revistas USP/Faculdade de Direito, 1951. Disponível em: https://www.revistas.usp.br/rfdusp/article/view/66172. Acesso em: 11 jul. 2017. p. 497.

8 REALE, Miguel. *Filosofia do direito*. 4. ed. São Paulo: Saraiva, 1965. p. 394.

O Direito, para ele, não se origina no Estado, mas tem origem e finalidade estritamente social. Por isso os legisladores não deveriam fazer outra coisa senão acompanhar o processo social espontâneo. Frase de efeito famosa de Duguit e que exprime suas ideias, é que não se trata da *"consciência da massa, mas da massa das consciências individuais"*. E ele escreveu em seu Tratado de Direito Constitucional trecho que delineia todo seu pensamento: *"uma regra econômica ou moral torna-se norma jurídica quando na consciência da massa dos indivíduos, que compõem um grupo social dado, penetra a ideia de que o grupo ou os detentores da maior força podem intervir para reprimir as violações dessa regra"*.[9]

Darcy Bessone[10] transcreve interessante frase de Duguit acerca do chamado direito absoluto sobre a propriedade:

> A expressão constante do Código Civil francês de que a propriedade era o direito de usar, gozar e dispor da coisa da mais absoluta já não encontrava correspondência em leis posteriores da própria França. Os princípios inscritos da Declaração dos Direitos do Homem e do Cidadão, dentre os quais está o que afirma o caráter sagrado e inviolável da propriedade, já se acham abalados.

De fato, o exercício desses direitos, de usar, gozar e dispor do bem ao bel prazer do proprietário, dá à propriedade certo caráter de direito absoluto, não importando qualquer efeito sobre disso sobre os interesses maiores da sociedade.

O pensamento de Duguit se baseia, enfim, na solidariedade entre as pessoas, inclusive no atendimento às normas jurídicas. A principal crítica que se faz a ele é de que a solidariedade pode ser um fato, como ele reitera, mas como todo fato ela pode ter um lado positivo ou um lado negativo, a depender do critério ético que se adota. Tendo, portanto, certa subjetividade, não poderia ela ser a base determinante para a adoção desta ou daquela norma de direito que será imposta e terá que ser seguida por toda a sociedade.

---

9 DUGUIT, 1928, p. 53 e ss., *apud* REALE, 1965, p. 391.

10 BESSONE, Darcy. *Direitos reais*. 2. ed. São Paulo: Saraiva, 1996. p. 30.

Outro autor de grande importância na Sociologia do Direito e para o nosso tema é Niklas Luhmann. Nascido na Alemanha em 1927, falecido em 1998 em seu país, Luhmann desenvolveu sua "teoria dos sistemas autorreferenciais e autopoiéticos".

Para ele o enunciado proferido não faz parte do conjunto de enunciados de quem o profere, pois no Direito há fortes influências do ambiente onde ele está inserido. "*O Direito passa a ter como escopo não a Justiça, mas a redução da complexidade e da contingência a partir das expectativas normativas. É como um sistema imunológico da sociedade, e a legislação são os anticorpos*".[11]

Voltando à ideia do Direito natural, ele entende ser possível reconhecer três premissas comuns à sociologia do direito natural: o direito como estrutura normativa da sociedade, um conjunto fático de vida e de ação; direito e sociedade são duas variáveis dependentes entre si; sob tais condições podem ser estabelecidas hipóteses sobre a relação entre direito e sociedade, as quais são empiricamente controláveis e verificáveis através da observação da correlação, em suas variações.

O autor teve como primeira inspiração para o desenvolvimento de sua teoria dos sistemas o conceito de sistema desenvolvido pelos biólogos chilenos Humberto Maturana e Francisco Varella. O autor, a partir disso, propôs sua teoria dos sistemas sociais. "*Para Maturana e Varella, os organismos vivos, tal como um vegetal, um animal ou uma bactéria são sistemas fechados, autorreferenciados e autopoiéticos*".[12] Isso não quer dizer que os sistemas sejam isolados, não se comuniquem entre si, que não interajam uns com os outros. Ao contrário, exatamente por ser um sistema, é uma relação complexa com a somatória das partes formando um todo.

---

11 BARCELLOS, Logan Caldas. Uma breve introdução ao pensamento jurídico de Niklas Luhmann. *Revista Sociologia Jurídica*, nº 12, jan./jul. 2011. Disponível em: https://sociologiajuridica.net/uma-breve-introducao-ao--pensamento-juridico-de-niklas-luhmann/. Acesso em: 17 jul. 2017.

12 MELO JÚNIOR, Luiz Cláudio Moreira. A teoria dos sistemas sociais em Niklas Luhmann. *Sociedade e Estado*, Brasília, v. 28, nº 3, 2013. Disponível em: 2013https://periodicos.unb.br/index.php/sociedade/article/view/5845. Acesso em: 25 jan. 2017.

No decorrer do século passado "novos direitos" foram se consolidando no cenário da normatização legal e extralegal. Os chamados "sistemas plurais não oficiais" passaram a conviver com o sistema jurídico estatal. Assim, a base positivada do Direito - seu conjunto normativo - acabou tendo que coexistir com lutas sociais que nem sempre contavam com apoio nas normas positivadas. A consistência em termos de Justiça no sentido mais amplo desse conceito fez com que ambos os sistemas jurídicos - oficial e extraoficial - coexistissem formando o pluralismo jurídico que se tem hoje.

Artigo de Luciana Cristina de Souza, publicado na Revista Sociologia Jurídica, confirma bem essa noção:

> Há uma coexistência entre os sistemas distintos de Direito. Existem diversos grupos da sociedade construindo o Direito no seu dia a dia que, ao final, terminam por interferir uns nos outros, bem como na dinâmica do direito positivo do Estado, tais como os movimentos sociais - Movimento dos Sem Terra (MDT), Movimento Pró-moradia - e os grupos minoritários - homossexuais, portadores de necessidades especiais, portadores do vírus HIV.[13]

Trazida a questão objeto do presente estudo, vale ressaltar que a luta do movimento social por moradia é jurídica, mas é também política. A estratégia de ocupar imóveis vagos joga luz no problema da carência habitacional e o coloca na grande mídia. E traz consigo, também, o questionamento sobre as políticas públicas urbanas adotadas pelo liberalismo que governa o país desde a fundação da República. Embora um ou outro programa habitacional possa ter trazido aspectos sociais de relevância, no fundo tais políticas sempre se basearam em financiamento estatal para a iniciativa privada construir habitação destinada à venda no mercado imobiliário formal.

---

[13] SOUZA, Cristiana de. Os sistemas plurais de direito e as mudanças pela Emenda Constitucional nº 45. *Revista de Sociologia Jurídica*, nº 2, jan./jun. 2006. Disponível em: https://sociologiajuridica.net/os-sistemas-plurais-de-direito-e-as-mudancas-introduzida-pela-emenda-constitucional-no-45/. Acesso em: 17 jul. 2017.

Voltando ao tema do capítulo, a função da propriedade está presente no conjunto normativo brasileiro há tempos.

A Constituição Federal de 1934 foi, a rigor, a primeira norma a dispor que o direito de propriedade tinha que considerar o interesse social. O artigo 113, item 17 diz textualmente: *"é garantido o direito de propriedade, que não poderá ser exercido contra o interesse social ou coletivo, na forma que a lei determinar. A desapropriação por necessidade ou utilidade pública far-se-á nos termos da lei, mediante prévia e justa indenização. Em caso de perigo iminente, como guerra ou comoção intestina, poderão as autoridades competentes usar da propriedade particular até onde o bem público o exija, ressalvado o direito à indenização ulterior"*.

A ideia central foi mantida no texto Constitucional de 1937, embora sem menção explícita ao "interesse social". Foi mantida também na Constituição de 1946, cujo conteúdo foi um pouco além das anteriores. Diz o texto no item 147: *"O uso da propriedade será condicionado ao bem-estar social. A lei poderá, com observância do disposto no art. 141, § 16, promover a justa distribuição da propriedade, com igual oportunidade para todos"*. Em decorrência dessa menção, foi editada a Lei nº 4.132, em 1962, regulando as hipóteses do interesse social constitucional.[14]

A expressão literal "função social da propriedade" apareceu somente na Constituição de 1967, editada já no regime militar (artigo 157, III).

A obrigatoriedade de dar destinação social à propriedade retira dela o poder absoluto que poderia ter o seu dono. As leis, ao atribuírem caráter social à propriedade, impõem limitação ao seu uso. Isso de certa forma embute uma contradição em se considerando estarmos num país regido por economia de mercado.

A atual Constituição Federal garante, por um lado, o direito à propriedade privada. Mas, por outro, exige do proprietário que dê a ela uma função social. Essa "função social" não é necessariamente o que vem ao nosso pensamento à primeira vista. Função social,

---

14 SALEME, Edson Ricardo. *Comentários ao Estatuto da Cidade*. Belo Horizonte: Arraes Editores, 2018. p. 14.

para a ordem jurídica, é dar uma destinação ao bem que não o deixe mofando à espera de valorização. É comum no ambiente urbano propriedades ficarem anos e anos sem nenhum uso, por decisão de seu proprietário, pois muitas vezes a valorização econômica de um terreno é superior aos ganhos decorrentes de aplicações no mercado financeiro ou outros ativos. Além, é claro, de não correr os riscos inerentes às incertezas desse mercado volátil, sujeito a intempéries políticas e internacionais.

Governantes, via de regra, ao se apresentarem aos eleitores, ainda como candidatos, defendem a aplicação de leis que forcem, que obriguem o proprietário a dar alguma destinação ao imóvel. Só que isso raramente acontece depois de eleitos. Alguns poucos exemplos se verificam nesse sentido, felizmente. Cite-se a cidade de São Bernardo do Campo, na região do Grande ABC, área metropolitana de São Paulo. Recentemente a Prefeitura editou lei que a permite se apropriar de bens imóveis abandonados (Lei nº 6.691/2018, regulamenta pelo Decreto Municipal nº 20.460, de 19 de julho de 2018). O Decreto regulamentador traz em seu *caput*: "Considerando a função social da propriedade urbana insculpida no art. 5º, inciso XXIII da Constituição Federal; os instrumentos da política urbana previstos na Lei nº 10.257/2001 (Estatuto da Cidade), bem como os procedimentos previstos nos arts. 1.275 e 1.276 do Código Civil, art. 746 do Código de Processo Civil e § 2º do art. 64 da Lei Federal nº 13.465, de 11 de julho de 2017 [...]".

Após esperar o prazo previsto na lei, não dando margem a futuros questionamentos jurídicos, a Prefeitura se apossou dos imóveis em fevereiro de 2019, iniciou as reformas necessárias e destinou os dois primeiros – que eram postos de combustíveis fechados há tempos por venderem combustíveis adulterados – a uma base do SAMU e a um Centro Poliesportivo. Segundo informações da Prefeitura, são ao todo 237 imóveis nessa condição, que somam uma dívida tributária de 800 milhões de reais. O vizinho município de Santo André também seguiu a mesma trilha.

O citado artigo 64 da Lei Federal nº 13.465/2017 que embasa essas leis municipais, traz no seu *caput*: "*Os imóveis urbanos privados abandonados cujos proprietários não possuam a intenção de conservá-los em seu patrimônio ficam sujeitos à arrecadação pelo Município ou pelo Distrito Federal na condição de bem vago*".

QUESTÃO URBANA

A questão urbana recebeu atenção política algumas vezes na história do Brasil. Várias ações e normas foram pensadas para enfrentar a problemática que se acentuava na exata medida do aumento da migração interna que levava grandes contingentes humanos do campo para a cidade. Durante o Governo Getúlio Vargas esses movimentos migratórios que tiravam o homem do ambiente rural e o levava para a cidade, já começavam a ter números expressivos. Esse processo se incrementou fortemente com a ascensão de Juscelino Kubitschek à Presidência da República, em 1956. Seu Plano de Governo consubstanciado na frase de marketing que ficou marcada como principal slogan de seu governo, "Cinquenta anos em cinco", foi de fato realizador no sentido de pôr em curso grandes obras públicas e de incentivar a expansão e a consolidação do parque industrial no país, especialmente na região sudeste do país. Houve incentivos fiscais para a indústria automotiva vir para o Brasil, trazendo consigo a enorme cadeia de autopeças e de serviços correlatos. Houve estímulo à oferta de crédito ao consumidor, crédito até então tímido, para que as pessoas pudessem comprar carros e outros bens de consumo duráveis. Houve abertura para a entrada no país de grandes empresas multinacionais. JK colocou o Brasil no eixo dos grandes mercados de consumo internacionais, alinhando nossas condições ao que o mercado internacional requeria. Com isso atraiu verbas e financiamento externo para realizar as grandes obras a que se propôs durante sua campanha eleitoral. Nesse momento é que se deu o mais expressivo aumento dos fluxos migratórios internos no sentido campo cidade.

Os nossos graves problemas urbanos não tiveram início nesse momento, mas se intensificaram de forma exponencial com a industrialização ascendente. Ressalte-se a ausência de planejamento estratégico que permitiria que essa rápida urbanização no país fosse feita de maneira mais adequada e menos traumática. Sem planejamento, as mazelas foram surgindo ou se agravando.

Desde a chegada da Corte portuguesa no Rio de Janeiro, em 1808, que problemas urbanos existem e passaram a ter relevância. No Rio de Janeiro, capital do Império, a falta de saneamento, por exemplo, se mostrava a olhos e narizes nus.

O citado autor do início do texto, Eduardo Bueno, lembra de relato feito por Luccock: "O povo é muito sujeito a febres, a acessos de bile, ao que chamam de doença do fígado, à disenteria, à elefantíase e outras perturbações [...] que às vezes são violentas e fatais". Continua o inglês Luccock: "Também a varíola, quando surge, carrega multidões, mas ultimamente seus estragos foram coibidos pela prática da vacinação".

Antes da chegada da Corte, em 1798, relata Laurentino Gomes, que a Câmara do Rio de Janeiro tinha apresentado um programa para combater as doenças, com base em relatório feito pelo médico Bernardino Antônio Gomes, que aponta uma situação dramática:

> Segundo a observação de quase dois anos, tenho por moléstias endêmicas desta cidade sarna, erisipelas, empigens, boubas, morphéa, elefantíase, formigueiro, bicho dos pés, endemas de pernas, hidrocele, sarcocele, lombrigas, ernias, leuchorréa, dysmnorréa, hemorroidas, dispepsia, vários efeitos convulsivos, hepatites e diferentes sortes de febres intermintentes e remitetentes.

Ainda segundo os estudos de Gomes, outro relato se refere à questão sanitária da cidade do Rio de Janeiro à época:

> Observada do mar, enquanto os navios se aproximavam do porto, era uma cidadezinha tranquila, de aparência bucólica, perfeitamente integrada ao esplendor da natureza que a cercava. De perto, a impressão mudava rapidamente. Os problemas eram a umidade, a sujeira e a falta de bons modos dos moradores. A boa impressão, contudo, desvanece à medida que nos aproximamos. Logo que se metem os pés para dentro, constata-se que a limpeza não passa de um efeito da cal que reveste as paredes exteriores e que, nos interiores, habitam a sujeira e a preguiça. As ruas, apesar de retas e regulares, são sujas e estreitas, ao ponto de o balcão de uma casa quase se encontrar com o da casa em frente.[15]

[15] GOMES, Laurentino. *1808*. São Paulo: Editora Planeta do Brasil, 2007. p. 157.

Nossas primeiras cidades fundadas ainda no século XV, mesmo sendo pequenas vilas incipientes, já tinham problemas de saneamento e de drenagem urbana. A Vila de São Vicente e mais tarde a cidade de Santos, além da capital federal, sofriam com esses graves problemas. No litoral paulista essa questão só foi minorada com a execução do plano proposto pelo sanitarista Saturnino de Brito no início do século XX, quatro séculos depois da sua fundação. Esses problemas só não foram de maior monta porque nosso território é contemplado com enorme bacia hidrográfica, o que permitia que o descaso dos gestores públicos e até mesmo da população para com a destinação das águas servidas e do lixo urbano fosse mascarado pelas correntes marítimas, que levavam embora e engoliam os dejetos produzidos pela população urbana, mas infectando os mares ao "distanciar" o problema.

Só que esse ciclo de descaso cobraria um preço algum dia, e esse dia chegou junto com a migração interna forçada pelo movimento da economia. Para oferecer mão de obra desqualificada e barata à nascente indústria automotiva e da construção civil, as populações rurais foram atraídas para a cidade, como bem discorreu o Prof. Kowarick.

"Mercado de ilusões" é a expressão com a qual Lúcio Kowarick explica a dinâmica de atrair populações do campo para a cidade. Afirma o autor que "por mais que essa mudança traga consigo pobreza e crescente deterioração das condições urbanas, existe uma sensação de a que "vida melhorou", uma autoavaliação que decorre de um nível simbólico de se estar integrado ao "mundo das vitrines, da televisão, dos painéis publicitários onde os que subiram servem de exemplo e esperança para aqueles que só podem consumir na fantasia o sucesso do estilo de vida daqueles que venceram".[16]

O crescente parque industrial precisava de grande contingente de mão de obra, que se deslocava das regiões norte e nordeste – que padeciam pela seca e pela total ausência de políticas públicas que permitissem que essas pessoas permanecem em sua terra natal – e colocava à disposição da grande indústria florescente esse contingente de trabalhadores em busca de colocação no mercado de trabalho.

16 KOWARICK, Lúcio. *A espoliação urbana*. São Paulo: Paz e Terra, 1980. p. 49.

Dessa forma chegava às áreas urbanas aquela massa de trabalhadores rurais, sem qualificação profissional, sem formação educacional, sem acesso à cultura e absolutamente necessitada de um emprego formal a fim de conseguir sobreviver. A cidade de São Paulo tinha 180 km^2 em 1920; nos 35 anos seguintes a área triplicou, e no final dos anos 1990 tinha aumentado em mais dois terços disso, passando para 900 km^2.[17] Já sua população saltou de 40.000 em 1886 para 260.000 em 1900, e para 580.000 em 1920.

A chegada de milhares de migrantes à cidade de São Paulo servia ao mercado em ascensão, mas ia construindo uma cidade desigual. Os trabalhadores que moravam e trabalhavam no centro foram sendo expulsos e jogados para novos e distantes bairros. Uma certa elitização do centro urbano já passava a acontecer, pois ali se concentrava a circulação do capital. O planejamento urbano do início do século XX buscava trazer para a cidade certa "haussmanização", glamourizando o centro, que era onde as atividades culturais, industriais e comerciais se davam, para o que era necessários que as camadas operárias da cidade liberassem esse espaço central. A famigerada "higienização".

Bonduki[18] aponta que, em 1920, apenas 19% dos imóveis em São Paulo eram habitados por seus proprietários. O aluguel era a saída para todos os demais. Os trabalhadores de baixa renda tinham que morar em cortiços, amontoados, insalubres. E não havia política de financiamento para a compra da casa própria.

Uma das consequências da migração compelida foi a favelização das cidades. Não havia - e não era para haver mesmo - lotes urbanizados e moradias decentes para toda aquela população que se deslocara no sentido campo → cidade. Apenas parte dos migrantes que chegavam à cidade conseguia colocação no mercado de trabalho. Com esse grande contingente de mão de obra desempregada, a equação oferta x demanda se desequilibrava planejadamente de

17 HOLSTON, James. *Cidadania insurgente*. São Paulo: Cia. das Letras, 2013. p. 203.

18 BONDUKI, Nabil G. Origens da habitação social no Brasil. *Análise Social*, v. 127, 1994. p. 713.

forma a forçar a queda no salário real e o consequente aumento das carências sociais.

Estudo realizado pelo DIEESE apontou números expressivos que comprovam essa situação. Adotando-se como índice 100 o valor real do salário mínimo em 1959, que era de 2.723,41, em 1978 esse índice caía para 50, ou seja, para 1.383,76. Em apenas 18 anos o poder aquisitivo do trabalhador brasileiro caíra pela metade.[19] Esse dado refere-se à população empregada. O mesmo quadro aponta o número de horas que o trabalhador levava para "fazer" o seu salário: em 1959 eram necessárias 65h05min no mês para produzir o salário; em 1978 passaram a ser necessárias 137h37min, ou seja, a extração da mais valia absoluta saltara para o dobro em apenas 18 anos.

Havia na cidade de São Paulo até os anos 1950, estratégia adotada pela grande indústria de ela própria construir casas populares próximas às suas instalações, destinadas aos seus operários. Essa estratégia visava alocar sua mão de obra nas proximidades do local de trabalho, o que evitava faltas e atrasos por parte dos empregados, e a possibilidade de demissão por ato de insubordinação amedrontava o operário, cuja família dependia daquele emprego e da casa onde moravam. Esses conjuntos ficaram conhecidos como Vilas Operárias, das quais pouco resta na cidade, sendo a mais conservada a Vila Maria Zélia, no bairro do Belenzinho, construída em 1917 e tombada pelo patrimônio Histórico em 1983. Essa vila tinha, além das casas, comércio local, áreas de lazer, creches, jardim de infância, consultórios médicos e odontológicos e até salão de festa para os moradores.

Mas essa estratégia foi sendo abandonada na medida em que passou a aumentar a rotatividade de mão de obra na indústria, resultado da existência da reserva de mão de obra à espera de vaga. E com isso as empresas passaram a transferir o custo de moradia e dos transportes ao Estado, deteriorando paulatinamente as condições de vida na cidade.

Essa massa de desempregados foi sendo expulsa para o subúrbio da cidade, nas franjas mais distantes, ao longo dos rios e

19 KOWARICK, 1980, p. 198.

córregos, sob as pontes e viadutos construídos pela "modernidade". Enfim, foram-se erguendo favelas como única forma de abrigar os novos moradores da metrópole. Dados da PNAD apresentados por Lúcio Kowarick,[20] em seu livro *A espoliação urbana*, indicava a existência, em 1972, de 54.739 barracos, com 318.285 moradores. Já no ano seguinte, 1973, o número saltava para 71.840 barracos, representando 1,1% do total de moradores da cidade.

Dados do Ministério das Cidades[21] apontam que em 2000, moravam em favelas 1.160.590 pessoas, representando 11,12% da população da cidade. Atualmente, são 2.162.368 de pessoas vivendo em favelas, representando a cifra de 20% da população da cidade, número expressivo.

A elite cafeeira paulista, tendo o IDORT à frente, passou a fomentar a ideia de que o Estado deveria financiar a construção e a aquisição da casa própria, mas para que as massas trabalhadoras fossem domesticadas. Essa nova casa era rotulada como higiênica, educativa, econômica, popular, baseada no consumo, e disciplinaria e moldaria o caráter dos trabalhadores.[22]

O Governo Federal passou então a investir na construção de moradias para os trabalhadores. Criou, a partir de 1937, os Institutos de Pensão por categorias profissionais, que tinham dentre suas atribuições edificar moradias para seus associados. Em 1946, constituiu a Fundação da Casa Popular, e ressuscitou as instituições de crédito para a aquisição da casa própria.[23]

Ocorre, porém, que a dinâmica social não se faz com ábaco. E uma das mais visíveis contradições é a espoliação sobre a terra. A terra urbana passa a integrar o capital especulativo e a retenção dos terrenos mais próximos ao centro urbano empurra as pessoas sem moradia para as periferias da cidade, locais sem infraestrutura

20 KOWARICK, 1980, p. 38.

21 MINISTÉRIO DAS CIDADES. *Política habitacional e a integração urbana de assentamentos precários*: parâmetros conceituais, técnicos e metodológicos. Brasília, 2007. p. 107.

22 HOLSTON, 2013, p. 213.

23 BONDUKI, 1994, p. 711.

urbana de qualquer natureza. Eram criados os chamados loteamentos clandestinos.

Com o passar do tempo, as pessoas iam se mudando para esses locais, construindo pelo sistema da autoconstrução suas pequenas moradias, e mesmo sem contar com infraestrutura básica iam formando novos bairros populares. A partir dessa fase os próprios loteadores "incentivavam" os moradores a reivindicar das Prefeituras e do Governo do Estado a instalação de redes de energia elétrica, de água e de esgoto, de linhas de ônibus e serviços de saúde educação. Eram parcialmente atendidos, e com isso valorizavam os terrenos intermediários que ficaram à espera para serem valorizados, e que passavam a ser vendidos agora com o apelo de serem dotados de total infraestrutura e com ônibus na porta!

Passadas as décadas do "milagre brasileiro", 1970/80, as cidades começaram a enfrentar o problema da favelização. Para enfrentar essa questão foram implementados inúmeros programas de incentivo à construção de moradias sociais ao longo dos anos. Alguns exitosos, outros não. O Programa Minha Casa Vida pode ser considerado como um dos mais exitosos. Mesmo assim também traz um dos problemas basilares desses programas, que é a falta de subsídio às famílias que não dispõem de nenhuma condição de acesso ao crédito por não terem comprovação de renda. Já o recente Programa Casa Verde e Amarela, que inovou ao contemplar a Regularização Fundiária Urbana entre os seus propósitos, prevê expressivo subsídio para a Regularização Fundiária.

Constroem-se muitas unidades habitacionais de interesse social, mas não para a faixa de renda zero. A falta de subsídio é um problema registrado há tempos. Ermínia Maricatto já falava sobre isso. No livro Habitat, em seu artigo "Contribuição para um plano de ação brasileiro", ela destacava que um ponto a ser observado e evitado no plano brasileiro é a "ausência de fontes de recursos a fundo perdido em todos os níveis de governo".[24] E sugeria a "criação de um Fundo Nacional de Moradia Popular (incluindo saneamento) que combine

[24] BONDUKI, 1996, p. 41.

recursos orçamentários (fundo perdido para subsídios destinados exclusivamente para população de baixa renda) e outras fontes públicas, semipúblicas e privadas para os demais níveis".

De fato, o que se vê na prática é a adoção de vários mecanismos pelas Prefeituras de todo o país e, por vezes, até por Estados da Federação, que na aparência indicam a implementação de políticas públicas de moradias populares destinadas à baixa renda. São instrumentos adotados pelo ente público com o discurso de que visam baratear o custo final da moradia social, vez que o processo construtivo será menos oneroso aos agentes. Na realidade, porém, o que se vê é a destinação de recursos públicos para a iniciativa privada que constroem unidades habitacionais e as colocam dentro do sistema financeiro de habitação, estruturado como agente financeiro e não como provedor de moradias populares.

Com essa prática histórica e recorrente, os problemas foram se acentuando até chegarem no ponto de dissonância absoluta a que se chegou na década de 1980. Desde a década de 1960 a massa de deslocados e desenraizados provenientes da seca do norte e nordeste chegava em ônibus, paus de arara e quaisquer outros meios e se deparava com ofertas de vagas em pensões de ambiente familiar bem no centro da cidade. Os cortiços foram se disseminando, e havia vagas de emprego de sobra. Era comum a pessoa preencher uma ficha de emprego hoje e já ser chamada amanhã para começar a trabalhar, quando não no mesmo momento da entrega da ficha. A indústria emergente precisava de mão de obra, e a massa de desempregados ia chegando às cidades industrializadas.

Aí se dava a já citada anteriormente constituição dos loteamentos clandestinos. Com o emprego assegurado e os primeiros salários recebidos, no caminho do trabalho os novos moradores dessas grandes cidades se deparavam com "pessoas de bom coração" que ofereciam lotes com pagamento a perder de vista e uma generosa doação de tijolos, telhas e demais materiais de construção, além do carreto e do transporte, para que esses trabalhadores pudessem construir sua casa na grande metrópole e abrigar sua família. Esses loteamentos clandestinos se multiplicaram, como também a favelização.

Os loteamentos eram distantes dos locais de trabalho, e aqueles que não conseguiam se assentar neles, se acomodavam nos núcleos de favelas que iam surgindo nos entremeios das pontes e viadutos, nos interstícios da cidade, mas perto do trabalho.

Lei de loteamentos

Data de 1937 a primeira lei que tinha como objeto central o loteamento urbano, o famoso Decreto nº 58. Muito tempo antes foi promulgada a chamada Lei de Terras, em 1850, Lei nº 601. Embora fosse uma norma que tinha o lote como objeto, a rigor essa lei visava mais proteger os compradores de terras na época do que propriamente dar condições estruturais ao parcelamento do solo. Era uma lei que procurava dar garantias a quem comprava terras. Isso porque a prática comum até então eram os golpes aplicados contra quem comprava terrenos, resultando via de regra em perda do dinheiro aplicado quando não em risco de represálias violentas contra quem se rebelasse à prática delituosa.

Havia certa desordem fundiária que teve origem da distribuição aleatória de terras pelo instituto da sesmaria. O regime de sesmaria foi abolido em 1822, por iniciativa de José Bonifácio de Andrada e Silva, por meio da Resolução 76 de 17 de julho de 1822. Antes disso, Alvará datado de 5 de outubro de 1795 pretendia regularizar a questão fundiária. Constava em seu preâmbulo: "*Que sendo-me presentes em consulta do Conselho Ultramarino os abusos e irregularidades, e desordens, que tem grassado, estão e vão grassando e todo o Estado do Brasil, sobre o melindroso objeto de suas sesmarias*".

José Bonifácio já manifestara preocupação com o tema. No documento Lembranças e Apontamentos do Governo Provisório para os Senhores Deputados da Província de São Paulo, de 5 de outubro de 1821, continha as seguintes sugestões, como aponta[25] Emília Viotti da Costa:

[25] VIOTTI DA COSTA, Emília. José Bonifácio: mito e história. *In*: *Da Monarquia à República*: momentos decisivos. São Paulo: Brasiliense, 1985. p. 55-118.

- a legislação das sesmarias não atendia aos interesses de expansão da agricultura e requeria novos instrumentos legais;
- a existência de grandes extensões de terras concedidas e incultas assinalava a dispersão e o estado selvagem da população, como um caso de afronta à civilização;
- não se dariam mais sesmarias gratuitas. Elas passariam a ser vendidas em lotes demarcados de até meia légua quadrada (1.089 ha) e com preço estabelecido;
- a venda de terras deveria favorecer à colonização de europeus, pobres, índios, mulatos e negros forros, a quem se daria de sesmaria pequenas porções de terrenos;
- e que as sesmarias doadas e não cultivadas voltassem novamente à massa dos bens nacionais, permanecendo em mãos de seus detentores apenas meia légua quadrada (reafirmando, portanto, o antigo dispositivo de reversibilidade da propriedade).

Vê-se, claramente, a ineficiência e inadequação do regime sesmarial. Isso depois de longa vigência e duração, cujos efeitos maléficos já estavam cristalizados e produziriam ainda por muito tempo resultados desastrosos para a base fundiária brasileira. De certa forma pode-se afirmar que dessa cultura de doação de grandes extensões de terras a amigos do Rei, sem nenhuma contrapartida necessária, nem mesmo o cultivo da terra, resultou o que ainda hoje causa desigualdades no país, com algumas regiões maximizadas em termos de densidade populacional e outras beirando números desérticos.

E nascem daí também as irregularidades jurídicas que grassam desde aquela época e sobrevivem até os dias atuais acerca da propriedade da terra, descrições, medidas, cadeia sucessória, tributação etc.

Desde a edição da Lei de Terras, em 1850, que serviu para apaziguar um pouco o desmando até então vigente, e agradando os latifundiários, o enfoque jurídico propriamente à divisão de terras em loteamentos se via necessário.

Assim foi que em 1937 foi editado Decreto-lei nº 58, de 10 de dezembro de 1937, que traz em seu *caput*: *"Dispõe sôbre o loteamento e a venda de terrenos para pagamento em prestações"*. Seu conteúdo principal é novamente – como foi com a Lei de Terras, de 1850 – oferecer garantias aos compradores de lotes urbanos contra a insegurança jurídica que reinava então. Mas trouxe também elementos relativos à questão física propriamente dita, como na alínea *c* do artigo 1º: *"(os loteadores são) obrigados a depositar no cartório de registro de imóveis o plano de loteamento, de que conste o programa de desenvolvimento urbano, ou de aproveitamento industrial ou agrícola"*. No inciso II do mesmo artigo 1º: *"planta do imóvel, assinada também pelo engenheiro que haja efetuado a medição e o loteamento e com todos os requisitos técnicos e legais; indicadas a situação, as dimensões e a numeração dos lotes, as dimensões e a nomenclatura das vias de comunicação e espaços livres, as construções e benfeitorias, e as vias públicas de comunicação"*.

O Decreto nº 58 teve vida longa. Ainda hoje produz efeitos em algumas cidades do país, com loteamentos que foram aprovados durante sua vigência e que, vez ou outra, geram demandas nos Tribunais. Esse Decreto vigeu com plenitude até a edição da Lei nº 6.766, em 19 de dezembro de 1979. Essa lei especial disciplina o parcelamento do solo urbano, e passou a reger os parcelamentos feitos nas cidades a partir de então, embora não tenha revogado expressamente o Decreto nº 58, mas apenas as disposições em contrário.

A Lei nº 6.766 trouxe importante inovação, que foi a obrigatoriedade dos loteadores de entregar os lotes dotados de total infraestrutura urbana. Antes não havia essa obrigatoriedade peremptória. Por isso a existência de tantos e tantos loteamentos urbanos com graves problemas causados pela ausência de infraestrutura. Antes dessa lei os loteamentos eram implantados e atribuía-se às Prefeituras municipais e aos Estados o ônus de dotá-los de redes de água, de esgoto, drenagem de águas pluviais, pavimentação, drenagem superficial, energia elétrica e que tais. Com a chamada Lei de Loteamentos, a 6.766, essa obrigação foi atribuída ao loteador, com previsão de pena de prisão no caso do descumprimento.

LEI Nº 13.465, DE 11 DE JULHO DE 2017

A recente lei de Regularização Fundiária, Lei Federal nº 13.465, de 11 de julho de 2017, deve ser tratada como um marco histórico no tema, e foi regulamentada pelo Decreto nº 9.310/2018. Ela é decorrência de normas anteriores. É a transformação em lei da Medida Provisória 759/2016, e foi precedida de normas como a Lei nº 11.977/2009 (que criou o Programa Minha Casa Minha Vida), precedida da Medida Provisória 459/2009, Medida Provisória 514/2010, depois convertida na Lei nº 12.424/2011, Medida Provisória 2.220/2001 e a Lei nº 10.257/2001, o Estatuto da Cidade.

Os instrumentos trazidos por essa nova lei não são novidades absolutas, portanto. Em linhas gerais o mais importante aspecto da nova lei é seu caráter social e seu absoluto diálogo com a situação atual e real das cidades brasileiras.

Anos atrás a eminente Professora Ermínia Maricato lançara luz para a realidade urbana nacional alertando que havia duas cidades, a real e a legal. Essa seta lançada na direção dos estudiosos e dos gestores repercutiu positivamente no sentido de levar todos a se debruçar sobre a verdadeira situação das nossas cidades.

Se de um lado havia todo um conjunto normativo que procurava regular o uso do espaço urbano e as próprias edificações, por outro havia uma gama incontrolável de ilicitudes provocadas pela impossibilidade total de atendimento às normas, e estimuladas ou patrocinadas por atravessadores da lei que se locupletavam com tais irregularidades. Os "empresários" dos loteamentos clandestinos iam se sucedendo nas conquistas e nos lucros auferidos. Mas registro da propriedade que é bom, nem pensar. Eles davam "documento da casa", um contrato de compra e venda registrado em Cartório de Títulos e Documentos, não no Cartório de Imóveis, cujas assinaturas e carimbos oficiais não davam garantia de nada, embora causassem impacto psicológico positivo no adquirente do lote, que julgava se tratar realmente do documento do terreno. Ledo engano.

Fato é que ao longo de décadas e décadas, aliás não seria exagero nos remetermos ao início desse texto que tratava das sesmarias e suas consequências, a urbanização nas cidades brasileiras sofrem com o descaso de empreendedores mal-intencionados, de governos pouco afeitos às questões urbanísticas e sociais, de alguns setores do mercado imobiliário e outros segmentos. O resultado é visto a olho nu em qualquer cidade brasileira. Favelas que se multiplicam, loteamentos enormes sem infraestrutura, cortiços que se amontoam, pessoas dormindo nas ruas e debaixo de pontes, prédios fechados e vazios, estrutura urbana caótica e desordenada.

A Lei nº 13.465/2017 traz instrumentos arrojados nesse sentido para fazer frente a essas questões. Como dito acima, ela é o resultado de uma série de normas anteriores que visaram sempre oferecer alternativas legais que pudessem embasar medidas que minorassem a gravidade desses problemas urbanos.

Vamos ver agora alguns dos principais tópicos dessa nova lei.

Primeiramente, trata-se de Lei Federal Ordinária. Ela enumera todas as leis que altera, inclusive a Lei de Registros Públicos, o Código Civil e o Código de Processo Civil. Em seu *caput* descreve os tópicos que são o objeto principal para nós, que trabalhamos com a regularização fundiária urbana. Esse assunto vai aparecer a partir do artigo 9º, que inicia o Título II, Da Regularização Fundiária Urbana.

O *caput* desse artigo 9º institui normas e procedimentos para a REURB – Regularização Fundiária Urbana –, que abrange medidas jurídicas, urbanísticas, ambientais e sociais destinadas à incorporação dos núcleos urbanos informais ao ordenamento territorial urbano e à titulação de seus ocupantes.

Trabalho social

Antes de dar continuidade à temática mais jurídica, faço um destaque de extrema importância contido na lei: "medidas sociais". A Lei nº 13.465/2017, no seu artigo 9º, usa essa expressão:

> Art. 9º Ficam instituídas no território nacional normas gerais e procedimentos aplicáveis à Regularização Fundiária Urbana (REURB), a qual abrange **medidas** jurídicas, urbanísticas, ambientais e **sociais** destinadas à incorporação dos núcleos urbanos informais ao ordenamento territorial urbano e à titulação de seus ocupantes.

Faço esse destaque por três motivos. O primeiro deles é no tocante ao que o poder público brasileiro trata como medidas sociais. Embora nos últimos anos o conceito do que são medidas sociais postas em curso pelo poder público tem melhorado muito, fato é que ainda há enorme defasagem entre o que realmente é um trabalho social em seu sentido completo e as "medidas sociais" que os governantes utilizam em seus discursos e em suas gestões.

É comum ver-se no noticiário, especialmente quando ocorrem tragédias causadas por deslizamento de encostas que levam casas morro abaixo, desabrigando os moradores, chuvas severas, incêndios em favela e fatalidades do gênero, que o prefeito ou o governador determinou o atendimento social às famílias. Esse "atendimento social" se consubstancia, via de regra, em liberação de verbas para bolsa aluguel e inclusão em programas sociais de acesso a benefícios. Ponto. É isso que os governantes entendem como medidas sociais. Essa ideia é de uma miopia assustadora e preocupante por parte dos gestores públicos, e que foge muito dos preceitos desenvolvidos pelas associações que englobam essas categorias profissionais.

"Medidas sociais" abrangem atuação de enorme envergadura e de fundamental importância quando o assunto é moradia. As medidas acima referidas são meramente paliativas, de atendimento emergencial. São sem dúvida importantes naquele momento de urgência máxima, mas não podem ser vistas e muito menos divulgadas como as medidas sociais ou um atendimento social que equacionará o problema que se apresentou.

Medidas sociais como descrito no *caput* do artigo 9º devem ser entendidas como efetivo trabalho social com as famílias envolvidas num programa de regularização fundiária. E efetivo trabalho social leia-se atuação planejada anteriormente, com recursos suficientes e apoio político e administrativo consistente, e feito por profissionais da área social, preferencialmente liderados por Assistentes Sociais, que são os profissionais que estudaram para isso, são os mais gabaritados e adequados para levar adiante um trabalho sério e exitoso. Outros profissionais podem e devem integrar uma Equipe Social, mas o protagonismo deve ser do Assistente Social.

Afirmo isso sem medo de errar, certo dessa minha convicção. Assimilei essa certeza por ter trabalhado ao longo de muitos anos à frente de órgãos da administração pública de habitação popular e ter vivenciado experiências magníficas praticadas por esses profissionais de Serviço Social. O trabalho de uma boa Equipe Social é tão importante e tão bem-vindo pela comunidade que é comum ver-se ao fim de um ciclo ou de uma jornada concluída, pessoas da comunidade adotarem esses profissionais como amigos para o resto de suas vidas, como parceiros de um momento único da vida familiar. Criam um vínculo tão belo que faz bem à alma. E esse vínculo não é originário de ações paternalistas ou decorrente de quirelas obtidas, mas pelo respeito profissional que esses trabalhadores sociais conseguem adquirir na comunidade pela sua atuação.

Portanto, fiz questão de destacar essa questão para frisar que, quando a lei fala em "medidas sociais destinadas à incorporação dos núcleos urbanos informais ao ordenamento territorial urbano e à titulação de seus ocupantes", que essa frase seja entendida pelos governantes como a obrigatoriedade de montar uma boa Equipe Social e dar a ela todas as condições de trabalho. Sem isso não se estará cumprindo o texto da lei. E, pior, provavelmente não será alcançado o objetivo da lei.

Medidas jurídicas

Voltando ao texto da lei. No tópico do *caput* do artigo 9º que se refere a "medidas jurídicas" está o cerne deste texto.

As medidas jurídicas possíveis de serem adotadas para satisfazer o propósito da lei, são várias. Parece-me que o § 2º desse artigo 9º poderia estar em outro lugar, mas creio que o legislador quis destacar o marco temporal de aplicabilidade da lei para o caso de legitimação fundiária, adotando o dia 22 de dezembro de 2016.

Objetivos

O artigo 10 elenca os objetivos da Regularização Fundiária (REURB). São 12 propósitos ali dispostos, que vão de preceitos constitucionais até manifestação de desejo. Vamos aos comentários.

Inciso I – Identificar os núcleos urbanos informais que devam ser regularizados, organizá-los e assegurar a prestação de serviços públicos aos seus ocupantes, de modo a melhorar as condições urbanísticas e ambientais em relação à situação de ocupação informal anterior.

Como o *caput* se refere às três esferas de Poder (municipal, estadual e federal), a lei atribui à esfera que tenha competência administrativa e jurídica a observações às tarefas prescritas nessa alínea, que não são poucas nem fáceis.

"Identificar" os núcleos urbanos não seria o termo mais apropriado, pois que as prefeituras de forma geral mais do sabem quais são os núcleos passíveis de REURB. Talvez fosse mais adequado algo como eleger, selecionar, indicar etc. A Prefeitura é o ente protagonista do processo de REURB, e é ela quem conhece a situação real.

O segundo verbo-obrigação nos remete ao parágrafo que escrevi sobre trabalho social. "Organizar" os núcleos é tarefa complexa, até porque "organizar" não é papel do poder público, mas sim dos movimentos sociais que atuem na área, das lideranças populares, dos próprios moradores. Mas uma boa Equipe Social envolvida nessa tarefa ajuda - e muito - a potencializar as discussões de forma a gerar propostas e encaminhamentos que possam levar à regularização do núcleo.

Na sequência ao "organizar" vem "e assegurar a prestação dos serviços públicos aos seus ocupantes". Aqui se apresenta um dos desejos de que falei, que nem sempre podem ser considerados como proposta de realização. São propostas comumente apresentadas nos pleitos eleitorais, mas que depois da eleição quase sempre caem para o campo dos desejos e promessas.

A grande maioria das cidades médias e grandes do país, e até menores, como é cediço, carecem de redes de coleta e tratamento de esgoto, de redes de drenagem de águas pluviais, de coleta e tratamento de lixo e outras tantas mazelas. É obrigação do poder público dotar as cidades de toda a infraestrutura necessária para uma vida saudável e digna. Mas o Estado brasileiro não provê nem de perto o que é necessário às populações. Assim, constar esse objetivo na lei nada mais é do que repetir e reiterar o que já consta na Constituição Federal e em leis infraconstitucionais como o Estatuto da Cidade, os Planos Diretores municipais, as leis de uso e ocupação do solo, as diretrizes nacionais de política urbana. Ou seja, mais do mesmo, que nada resolve. As cidades brasileiras não são devidamente providas da necessária infraestrutura não por falta de mandamento jurídico, mas por falta de vontade política.

Inciso II – criar unidades imobiliárias compatíveis com o ordenamento territorial urbano e constituir sobre elas direitos reais em favor dos seus ocupantes.

Belas palavras, cheias de significado e de dignidade. Construir moradias decentes e juridicamente consolidadas. É isso o que está escrito. Novamente, mera manifestação de desejo, já que o Estado não propicia tal coisa, nem mesmo nas obras que ele próprio executa. As próprias companhias habitacionais municipais e estaduais edificam, na expressiva maioria, seus conjuntos sem cuidar de regularizá-los. São ou foram construídos sem as devidas licenças urbanísticas, jurídicas e ambientais, o que impossibilita aos adquirentes das unidades a obtenção da matrícula do imóvel em seu nome.

Inciso III – ampliar o acesso à terra urbanizada pela população de baixa renda, de modo a priorizar a permanência dos ocupantes nos próprios núcleos urbanos informais regularizados.

Essa ideia é precisa e de extrema importância para a cidade e para os moradores dessas áreas. Via de regra os governantes, quando propõem alguma alternativa habitacional à população de baixa renda, o fazem com o deslocamento das pessoas para outros locais. De fato, não é fácil conseguir mantê-los no mesmo local.

As dificuldades começam já na indisponibilidade de terrenos onde se possam edificar novas unidades habitacionais. A falta de planejamento urbano a médio e longo prazos impossibilitam a implementação de políticas públicas de construção de moradias populares. Quando se consegue recursos financeiros para a construção de novas moradias, quase nunca se consegue viabilizá-las nas proximidades do atual local de moradia dos futuros beneficiários pois na região ou não há terrenos vagos, ou os há, mas o preço cobrado pelos proprietários é proibitivo e impedem que a conta se feche no patamar adequado.

Pior do que isso é que, quando se encontra terreno apropriado para a edificação pretendida, comumente esse terreno é um campo de futebol, instalado no local há anos e onde historicamente se pratica o esporte na cidade. E essa praça de esportes é muito importante que se mantenha. Incentiva a prática esportiva, serve de ponto de encontro e convívio social, muitas vezes é usado também para festas que a comunidade local realiza, como festa junina e festividades regionais, ou até mesmo para instalar circos que ocupam o espaço temporariamente e são um evento cultural que alegra a cidade e traz recursos financeiros pela atratividade que gera.

Assim, escolher o campo de futebol para construir o novo conjunto habitacional é colocar em prática aquele velho ditado de cobrir um santo descobrindo o outro. Não é definitivamente uma solução, mas apenas uma má escolha, fruto da ausência de planejamento urbano. E com isso vão acabando os campos de várzea e o nascedouro de novos praticantes do esporte que colocou o país no topo do reconhecimento mundial.

Enfim, a falta de terrenos faz com que os novos conjuntos sejam construídos longe do local onde as pessoas atualmente moram. Além da falta de terrenos, outros fatores influenciam nessa decisão, como a existência ou não de redes de infraestrutura urbana, a aceitação dos moradores vizinhos, a disponibilidade de oferta de vagas em escolas públicas de ensino fundamental e médio, a rede local de assistência à saúde.

Então, o acerto da lei ora em comento vale, e muito, para a permanência dos moradores no locam onde já vivem. Ali eles construíram suas casas, passo a passo, cômodo por cômodo, ao longo de muitos anos, com enorme esforço familiar. Todo o dinheirinho que entrava para a família ia sendo canalizado para a autoconstrução da casa, compra de material, de equipamentos, de acabamento se sobrasse algum recurso... muita luta de todos, inclusive de amigos para bater a laje no final de semana em troca de um churrasquinho com cerveja.

Os filhos estudam em escolas próximas, os profissionais da rede de saúde e de atendimento social já conhecem a família e o histórico médico e social de todos os componentes, os comerciantes locais são amigos e facilitam a concessão de crédito na caderneta, que é o meio de obtenção de crédito mais democrático e eficaz existente há anos, cuja base é a absoluta e bonita relação de confiança recíproca entre as pessoas, que deveria ser o normal.

Além dessa rede local de atendimento e de relacionamento de vida, é comum também nessas localidades que parentes morem próximos uns dos outros. Ou filhos que se casaram e constroem uma casinha do fundo do lote ou sobre a casa já edificada, ou compram uma casinha perto da dos pais. Tios, avós, irmãos e primos que vêm de cidades distantes procuram se alocar perto dos parentes já estabelecidos, e é natural que seja assim. O ser humano é um ser gregário, e viver perto dos parentes ajuda muito no dia a dia e no convívio social.

Esse inciso III, portanto, traz um princípio muito importante mesmo. Entendo que os governantes de plantão não apenas devessem envidar todos os esforços possíveis para concretizar essa prática, regularizando os imóveis já existentes por meio da REURB, como deveriam ainda destinar recursos financeiros subsidiados ou a fundo perdido para viabilizar a reforma e melhoria das casas já edificadas, material de acabamento interno e externo, pintura, telhado com telhas cerâmicas em lugar das horrorosas e termicamente péssimas telhas de amianto antigas e de seus atuais descendentes. Essas melhorias dariam melhores condições de moradia e embelezariam a cidade, tornando o espaço mais agradável. Essas pequenas melhorias, muito importantes para os moradores e para o núcleo, também foram contempladas pelo Casa Verde e Amarela, com valores subsidiados.

Já tive a oportunidade de pôr em prática uma experiência dessa. Sendo gestor público de uma cidade de médio porte na Região metropolitana de São Paulo, consegui aprovar um projeto de melhorias das casas já construídas junto ao Governo Federal e obtive recursos a fundo perdido para a cidade. Fiz um pacto com depósitos de material de construção e com um grande fabricante de tintas instalado no município. Os arquitetos e a equipe social da Prefeitura faziam a parte técnica e encaminhavam as necessidades de cada casa, os pedidos eram aprovados e enviados aos depósitos em nome de cada morador, que recebia o material em casa e fazia as melhorias por sua conta. Mas isso tinha prazo e era acompanhado pelos arquitetos, que ao final davam o aval de que as obras estavam concluídas. E a conta ia para a Prefeitura, pagas com os recursos que obtivera. Essa proposta melhorou muitas moradias, melhorou o aspecto do bairro, e curiosamente fez com que os vizinhos que não tinham solicitado a inclusão no programa acabassem por conta própria também melhorando suas casas, com pintura, calçadas, floreiras e telhados.

Todo mundo gosta de morar numa rua e numa casa bonita. Isso eleva a autoestima e a alegria de voltar todos os dias para casa, com algum orgulho. Diferente de tanta gente que tem que sair de casa de chinelo e levar um calçado na bolsa, e calçá-lo antes de chegar no serviço ou na escola. Isso não é animador para ninguém. A causa? Ruas sem pavimento algum, sem drenagem de águas pluviais, sem calçadas, com água escorrendo ao léu e enlameando tudo.

Portanto, priorizar a permanência das pessoas onde já moram é de fato uma política pública das mais acertadas, e que essa lei propõe e oferece mecanismos adequados.

Inciso IV – Promover a integração social e a geração de emprego e renda.

A Lei nº 13.465/2017 peca nesses aspectos. Mistura propósitos urbanísticos factíveis e adequados como o inciso III tratado acima com meras manifestações de desejos. Em primeiro lugar o que viria a ser para o legislador "integração social"? Como ela se dá? Como é mensurada? Como se planeja isso a médio prazo?

Na proposta original para o Concurso de Brasília vencido por Lúcio Costa havia esse intuito. As Superquadras e seus edifícios proporcionariam o convívio no mesmo lugar tanto do Ministro de Estado como de seu motorista. A ideia era bela, mas na prática não ocorreu. E por um motivo muito simples: num estado de economia de mercado e que garante a propriedade privada dos bens, não há como impedir que os interesses econômicos se sobreponham aos interesses sociais. Assim, na Brasília pensada por seu idealizador todos conviveriam nos mesmos espaços. Na Brasília real o motorista do Ministro mora nas cidades satélites em uma casa sem titulação jurídica e o Ministro desfruta de sua mansão à beira do Lago Paranoá.

Então, carta de intenção não faz lei virar realidade. Assim, esse inciso IV nem deveria constar da lei. Não se promove a integração social por meio de lei, e muito menos uma lei que tem como seu escopo a regularização fundiária de assentamentos precários. E a lei também não terá o condão de "gerar emprego e renda".

Entende-se, é claro, que a ideia seria de estimular a chamada economia local. Isso é ótimo e tem sido realizado em muitas localidades no Brasil. Mas economia local também não acontece por estar prevista em lei. Acontece porque moradores, ONGs, Movimentos Sociais, lideranças populares a promovem, congregam a comunidade local e com ideias novas e adequadas àquele ambiente vão implantando tais inovações que se consolidam com o tempo.

Assim, esse inciso não se coaduna com o objetivo central da lei. Um bairro regularizado juridicamente possibilita maiores inserções econômicas, até pela segurança jurídica que os imóveis regulares passam a ter, podendo ser oferecidos como garantia. Mas não podemos limitar a ideia do desenvolvimento da proposta de economia local ao fato de o bairro ser regularizado. Uma coisa independe da outra. Podem se somar, é claro, e é bom que isso possa acontecer. Mas não é fator limitante, até porque as várias experiências práticas já existentes o demonstram. A força das comunidades locais vai além das formalizações jurídicas.

Inciso V – Estimular a resolução extrajudicial de conflitos, em reforço à consensualidade e à cooperação entre Estado e sociedade.

A ideia central desse tópico vem ao encontro de um esforço que está sendo feito no país de "des-judicialização" dos conflitos. Várias iniciativas vêm sendo feitas nesse sentido, como a alteração no Código de Processo Civil (artigo 334), a Resolução nº 125 do Conselho Nacional de Justiça (CNJ), a Lei nº 13.140/2015 entre outras.

A Resolução 125 do CNJ estabelece no artigo 1º que "fica instituída a Política Pública de Tratamento Adequado dos Conflitos de Interesses, tendente a assegurar a todos o direito à solução dos conflitos por meios adequados à sua natureza e peculiaridade".

A Lei nº 13.140/2015 "dispõe sobre a mediação entre particulares como meio de solução de controvérsias e sobre a autocomposição de conflitos". Conhecida como Lei de Mediação, prevê no Parágrafo único que "Considera-se mediação a atividade técnica exercida por terceiro imparcial sem poder decisório, que, escolhido ou aceito pelas partes, as auxilia e estimula a identificar ou desenvolver soluções consensuais para a controvérsia".

Segundo dados do Conselho Nacional de Justiça (CNJ), ao final do ano de 2018 havia 78,7 milhões de processos judiciais no Brasil aguardando julgamento. Para a Associação dos Magistrados Brasileiros (AMB), cerca de 40% deles poderiam não estar no Poder Judiciário, tendo sido resolvidos por meio de mediação e negociação entre as partes.

No entanto, pesquisa realizada pelo Insper e pelo Instituto Pólis, encomendada pelo CNJ, mostrou, em dados coletados entre 2011 e 2019 sobre ações possessórias em todos os Tribunais do país, que nem os próprios juízes têm adotado a prática de audiências de mediação para tentar solucionar os conflitos. Consta do Relatório parcial que foi divulgado:

> Um dos achados que mobilizaram o debate foi a aparente falta de adesão dos magistrados ao instituto da audiência de mediação como forma de resolver as causas dos problemas coletivos judicializados em ações possessórias. Inovação do novo Código de Processo Civil (CPC) e incentivada pela Política Nacional da Conciliação do CNJ desde 2010, a mediação não foi incorporada de maneira definitiva na condução desse tipo de processo.[26]

[26] Disponível em: https://www.cnj.jus.br/acoes-possessorias-extrapolam-disputas-sobre-imoveis-revela-pesquisa/.

Por isso essa intenção constante no inciso V é válida e se coaduna com a busca pela desjudicialização. De qualquer forma, obter êxito nesse sentido não será tarefa fácil, especialmente quando o terreno sobre o qual se promoverá a REURB for propriedade particular. Isso porque envolve, em princípio, interesses econômicos muitas vezes antagônicos entre as partes. Será necessário, para o êxito dessa proposta, a participação ativa e fundamental da figura de um mediador, profissional do ramo, para que consiga encontrar um ponto de satisfação para ambos apesar dos interesses antagônicos em princípio.

O Estatuto da Cidade, Lei nº 10.257/2001, já previa no artigo 10, a possibilidade de usucapir imóvel com ocupação coletiva. Não necessariamente fugir-se-ia da judicialização, mas era possível que uma favela em área particular viesse a ser regularizada coletivamente, a área toda em nome da comunidade, como bem coletivo, se atendidos determinados requisitos, em comunhão com o proprietário e intermediado pela administração pública. O tratamento jurídico é o de propriedade coletiva de bem imóvel, ou seja, condomínio. A cada morador é atribuída a propriedade de uma fração ideal. E por fim, isso é registrado em Cartório e o domínio passa a ser legitimado e público.

Outra hipótese é a dos §§ 4º e 5º do artigo 1.228 do Código Civil:

> § 4º O proprietário também pode ser privado da coisa se o imóvel reivindicado consistir em extensa área, na posse ininterrupta e de boa-fé, por mais de cinco anos, de considerável número de pessoas, e estas nela houverem realizado, em conjunto ou separadamente, obras e serviços considerados pelo juiz de interesse social e econômico relevante.
>
> § 5º No caso do parágrafo antecedente, o juiz fixará a justa indenização devida ao proprietário; pago o preço, valerá a sentença como título para o registro do imóvel em nome dos possuidores.

Essa seria uma forma interessante de resolver parte dos problemas existentes nesse espectro de glebas particulares ocupadas por moradias populares. Como na maioria dos casos trata-se de ocupações consolidadas, existentes há muitos anos, com casas de alvenaria assobradadas, infraestrutura urbana, equipamentos sociais, educacionais e de saúde, mas juridicamente irregulares, essa ideia poderia resolver a situação legal dessas áreas. Os moradores reunidos se cotizariam e pagariam ao dono do terreno um valor pela sua aquisição. Seria uma "compra e venda" que regularizaria a situação. Para o proprietário da gleba é uma boa solução, pois ele receberia um valor pelo imóvel que jamais viria a receber, dada a situação consolidada da ocupação e a improvável reversibilidade dessa destinação.

E para os moradores seria melhor ainda, pois pagariam pela terra onde construíram suas moradias e ainda teriam o registro cartorário dessa aquisição.

Infelizmente, porém, essa ótima ideia não produziu os efeitos imaginados. Grandes favelas poderiam ter sido regularizadas por esse instrumento, mas isso não aconteceu. Para essa ideia vingar utilizar-se-ia da mediação de conflitos, nos termos do conteúdo do inciso V em comento.

Os três próximos incisos, VI, VII e VIII são tratados em conjunto pela sua proximidade conceitual e prática.

Inciso VI – garantir o direito social à moradia digna e às condições de vida adequadas.

Inciso VII – garantir a efetivação da função social da propriedade.

Inciso VIII – ordenar o pleno desenvolvimento das funções sociais da cidade e garantir o bem-estar de seus habitantes.

A questão de fundo já foi tratada anteriormente, mas vale reiterar alguns pontos. O primeiro deles é o verbo utilizado nos dois primeiros incisos: "garantir". Trata-se de uma impropriedade para não dizer audácia em demasia. Lei nenhuma tem o condão de garantir nada. Muito menos questões de natureza tão abrangente e complexa como essas. Moradia digna, condições de vida adequadas, função social da propriedade, pleno desenvolvimento das funções sociais da cidade e garantia do bem-estar de seus habitantes seriam características maravilhosas que, se as encontrássemos, estaríamos próximos de algum novo éden. Francamente, esse tipo de ideário não é adequado num texto de lei que se pretende efetivo no enfrentamento de um problema tão específico. É um vício legislativo brasileiro, aliás, uma das causas da existência de centenas de leis que não produzem nenhum efeito prático, caem no limbo, no ostracismo total e não são sequer revogadas, ficam perambulando nas prateleiras normativas sem efetividade alguma. E surge uma nova norma que trata do mesmo assunto, se sobrepõe à anterior, não a revoga e assim se sucedem no processo legislativo nacional. Pior, é que a confusão normativa que esse tipo de processo abre os famosos vácuos legais por onde adentram os juízes, desembargadores e Ministros das altas Cortes dando decisões que passam a valer como verdadeiras leis, embora não o devessem. Mas o Judiciário pátrio não se incomoda em agredir a Constituição Federal e se imiscuir na esfera de outro Poder, embananando a estrutura tripartite do Estado brasileiro.

Os três incisos em comento são, portanto, manifestação de boas intenções e não regras. Inadequadas de figurarem como incisos. Poderiam estar na ementa da lei ou no *caput* de seu primeiro artigo, como explicações e intenções da norma. Não nos incisos desse artigo.

Inciso IX – concretizar o princípio constitucional da eficiência na ocupação e no uso do solo.

Esse inciso induz o gestor público e os empresários imobiliários a atuarem no sentido de viabilizar o que diz nossa Constituição. Muito embora a palavra utilizada no texto legal, "eficiência", gera certa imprecisão de sua compreensão pela proximidade léxica com a palavra "eficácia", ela foi utilizada adequadamente. Os dicionários em geral apontam a seguinte sutil diferença entre esses dois termos: eficiência é fazer certo as coisas; eficácia é fazer as coisas certas. Esses dois significados são mais utilizados no meio corporativo, para distinguir metas logísticas e de negócios. Mas aqui foi feliz o legislador, pois eficiência na ocupação e uso do solo significa buscar fazer certo as coisas nessa questão. Ou seja, planejar, pensar o futuro, analisar as condições dadas, as potencialidades, os problemas, as soluções e as mitigações.

Inciso X – prevenir e desestimular a formação de novos núcleos urbanos informais.

Aqui está uma - se não a maior - dificuldade para o gestor público em todos os âmbitos da Administração. Prevenir ocupações irregulares em qualquer cidade do Brasil é uma tarefa árdua. São muitos fatores que contribuem negativamente nesse aspecto. Há interesses de "loteadores" de má índole, há interesses de ocupantes passageiros de cargos públicos ou eletivos que se aproveitam do momento para valorizar suas propriedades, há interesses eleitoreiros, há interesses de empresas que prestam serviços para as Prefeituras em criar situações que venham a exigir obras (que serão feitas por elas, é claro), mas há, sobretudo, a necessidade absoluta por moradia por parte da população carente.

Como faltam políticas públicas para fazer frente ao problema, as pessoas não têm alternativa a não ser ir morar onde se apresentar uma oportunidade, ainda que irregular, ainda que carente de infraestrutura básica, ainda que distante de tudo, ainda que de péssimas condições. Mas é lá que será seu abrigo e de sua família. E isso é o fundamental e a realidade.

Para evitar a formação de novos núcleos irregulares só mesmo fazendo uma gestão casada entre construção permanente de novas moradias ou reforma de casas já edificadas em comunhão com efetivo controle do uso do solo pela Prefeitura. Isso se torna mais viável em havendo diálogo entre os gestores públicos com os movimentos sociais de moradia, lideranças locais, famílias envolvidas na questão. Prefeitura nenhuma consegue impedir a ocupação irregular de seu território se não contar com a colaboração da população e de suas lideranças. Sem isso é impossível exercer esse controle. É ilusão.

Na verdade, a questão habitacional passa por uma gama muito mais ampla, que de forma genérica envolveria um planejamento estratégico em nível nacional. Mas como isso não existe, não adianta ficarmos no campo das hipóteses. Temos que ir direto ao problema e ir encontrando saídas. A Lei nº 13 oferece algumas boas possibilidades nesse sentido, e as cidades devem utilizá-la.

Inciso XI – conceder direitos reais, preferencialmente em nome da mulher.

A concessão de direitos reais é um instrumento positivo para ao menos minorar os problemas causados pela irregularidade dos núcleos. Em estando o assentamento edificado em terreno público, o instrumento jurídico adequado sob esse quesito é o conhecido pela sigla CUEM, Concessão de Uso Especial para fins de Moradia. Sobre o instituto da CUEM propriamente falaremos mais adiante. Sobre conceder o direito em nome mulher, preferencialmente, é outro acerto da lei. Mulher, como disse minha mãe duas décadas atrás ao me ouvir dizendo que eu colocaria as casas em nome da mulher, ela disse: "isso mesmo, pois a mulher não abandona os filhos". Então, nada mais correto do que ficar em nome dela os direitos sobre o imóvel.

Inciso XII – franquear participação dos interessados nas etapas do processo de regularização fundiária.

Franquear não seria o verbo mais adequado, pois que aberto demais. Mas também não daria para usar o verbo "garantir", por tudo que foi dito anteriormente. Franquear é deixar aberta a possiblidade de o gestor público abrir ou não à participação da população.

A regularização tendo como objeto uma determinada ocupação, um agrupamento delimitado fisicamente, um núcleo, a participação dos interessados será indispensável. Eles terão que ser ouvidos, deverá ser explicado o processo e a meta, mostrar claramente qual será o resultado da regularização e seus efeitos jurídicos a longo prazo. Até porque os documentos dessas pessoas terão que ser copiados para que sua qualificação conste do documento final da regularização. Por isso não se trata exatamente de "franquear", mas de envolver os interessados no processo desde a primeira medida prática adotada.

Conceitos e instrumentos jurídicos

Esses são os incisos em que estão os objetivos da REURB, do artigo 10. No artigo 11 estão as definições dos termos utilizados. O § 2º colocado no inciso VIII, totalmente deslocado, trata na verdade da Lei que estabelece normas de proteção as áreas de Proteção Permanente e as de Reserva Legal. Tem sido objeto de críticas por envolver a Amazônia Legal, e ao que parece por ter sido colocado numa parte da lei que trata de outras questões, como forma de passar meio que despercebido pelos legisladores quando da votação do texto final da lei. De qualquer forma, como não trata da regularização fundiária que cuidamos aqui, não será objeto de análise.

Nos demais incisos do artigo 11, a Lei traz a definição dos conceitos e instrumentos que utiliza, o que é muito interessante. Leis que usam dessa tática são chamadas de leis autoexplicativas, e de fato essas definições ajudam muito na sua aplicação. Em geral o Direito usa conceitos dúbios, vagos ou de difícil compreensão. Quando a lei traz as explicações de seus termos, facilita muito a sua aplicabilidade.

Inciso I – núcleo urbano: assentamento humano, com uso e características urbanas, constituído por unidades imobiliárias de área inferior à fração mínima de parcelamento prevista na Lei nº 5.868, de 12 de dezembro de 1972 , independentemente da propriedade do solo, ainda que situado em área qualificada ou inscrita como rural;

O inciso I do artigo 11 cita a Lei nº 5.868, de 1972, lei que criou o Sistema Nacional de Cadastro Rural; essa lei faz referência, por sua vez, à Lei nº 13.001/2014, que dispõe sobre a liquidação de créditos concedidos aos assentados da reforma agrária; e essa faz alusão ao Decreto-lei nº 271, de 1967, que dispõe sobre loteamento urbano, responsabilidade do loteador e concessão de uso e espaço aéreo. A Lei nº 13.001 alterou o artigo 8º da 5.868, § 4º, e no qual, em seu inciso II, cita a concessão de direito real de uso em programas de regularização fundiária em áreas rurais. Por esse motivo o inciso I do artigo 11 da Lei nº 13.465/2017 faz remição à longeva Lei nº 5.868, que estipulava tamanhos padrão para lotes e módulos rurais. Por isso a expressão *"constituído por unidades imobiliárias de área inferior à fração mínima de prevista na Lei nº 5.868"*. Lembre-se que o módulo rural mínimo varia de um município para outro, portanto deverá ser checado no município em análise qual é sua determinação.

O inciso II desse artigo 11 merece comentário, traz uma impropriedade conceitual do Direito Urbanístico.

Inciso II – núcleo urbano informal: aquele clandestino, irregular ou no qual não foi possível realizar, por qualquer modo, a titulação de seus ocupantes, ainda que atendida a legislação vigente à época de sua implantação ou regularização;

Fala em "núcleo urbano clandestino". Os primeiros três tipos de assentamento descritos no inciso preveem três possibilidades diferentes dentro de uma definição maior de núcleo urbano informal:

a) **o assentamento clandestino:** é aquele que foi implantado à margem de toda a legislação e aprovação dos órgãos licenciadores, e sem os devidos atos de registro no Ofício competente;

b) **o assentamento irregular:** é o que foi implantado com conhecimento das autoridades e dentro de alguns padrões, atendendo parcialmente as normas, mas que, por algum fato, não obteve todas as licenças necessárias ou o devido registro no Oficio de Imóveis;

c) **sem titulação:** o último caso é aquele núcleo que não é clandestino e não é irregular, mas que, por algum fato impeditivo, os beneficiários não conseguem a titulação do imóvel.

Essas são as hipóteses previstas pela lei. São três situações diferentes, que não se confundem. Embora parecidas no resultado, não se assemelham umas às outras, são distintas entre si. Vamos a cada uma delas para ficar bem claro.

A primeira situação - <u>*assentamento clandestino*</u> - se aplica mais amplamente aos famosos loteamentos clandestinos tão comuns na década de 1970 e início da de 1980, que vimos atrás. Vários "empresários" do ramo imobiliário partiram para essa prática tão nociva às cidades, ao meio ambiente e aos adquirentes dos imóveis.

Pegavam glebas distantes do centro urbanizado, faziam um esquadrinhamento do terreno ao qual davam o nome de "parcelamento", colocavam uma planta na parede do stand de venda e iam vendendo como pão na padaria, com um simples esboço de Compromisso de Venda e Compra, e muitas vezes dando aos primeiros compradores uma boa quantidade de tijolos, cimento e areia para que "saíssem" imediatamente do aluguel e construíssem seu embrião de três cômodos, se mudando para o novo lote. Com isso a gleba começava a ser ocupada e ia valorizando os trechos anteriores do terreno, elevando os preços dos próximos lotes a serem colocados à venda.

O Ministério Público, os Registradores, os Procons e entidades de defesa da cidade passaram a combater fortemente essa prática e ela diminuiu consideravelmente.

A segunda situação – *assentamento irregular*- é bem diferente. São empreendimentos feitos muitas vezes – mas nem sempre – com aprovação dos órgãos municipais, com licenciamento, matrícula da gleba registrada no Ofício, Compromisso de Venda e Compra também registrados, mas que por algum motivo não lograram êxito na aprovação total. Algumas vezes questões ambientais de pouco impacto, mas normatizadas, como existência de minas d'água ainda que secas, fios de drenagem urbana antigos e já em desuso por obras de drenagem que foram feitas posteriormente, mas cuja norma manda preservar, enfim, coisas desse jaez que impedem a regularização final do empreendimento. Os beneficiários lá vivem e sem problema algum relativo à questão urbana e ambiental, mas não conseguem obter a documentação definitiva de seu imóvel.

Por fim, a terceira situação – *assentamento sem titulação*-. Nessa hipótese não há clandestinidade alguma, o empreendimento seguiu as normas municipais e estaduais, recolheu os impostos e emolumentos atinentes à obra, obteve os licenciamentos, há matrículas originais dos terrenos, Compromissos de Venda e Compra devidamente registrados e local onde os beneficiários vivem a quase plenitude de seu direito à moradia. O problema se restringe à titulação do imóvel. Isso pode se dar por problemas decorrentes na matrícula original, ou pela descrição muito antiga que não se coaduna com a situação fática atual, ou por problemas sucessórios que se refletem na esfera jurídica do imóvel, ou ainda, por empecilhos de ordem financeira nas desapropriações, cujos precatórios não são honrados em função da precária situação das Prefeituras em todo país, e ainda falência do loteador. Enfim, coisas dessa ordem que acabam por impedir a titulação do bem ao seu beneficiário, mesmo ele tendo terminado de pagar pela aquisição do bem, o que é muito comum, mas o vendedor na hora de fazer a transmissão do título encontra-se impedido de fazê-lo, mesmo querendo cumprir com sua obrigação final. São as situações que geram normalmente as ações de adjudicação de imóvel.

Essas três situações previstas na lei deram azo a um Acórdão originário da Comarca de Limeira/SP, num processo que teve a CDHU como parte, que causou grandes problemas aos processos de regularização em todo o Estado. Equivocadamente, o Relator Pereira Calças afirma que *"não se pode equiparar a regularização de assentamento irregular, decorrente de parcelamento clandestino, com a situação dos autos, em que houve a edificação de conjuntos habitacionais, financiados pelo BNH, em terreno que pertenceu à CECAP, hoje de titularidade dominial da CDHU"*, sua redação não se coaduna com o ditame da Lei.

Essa afirmação coloca as três situações descritas nos itens acima como se fossem iguais, como se fossem a mesma, como análogas entre si, confundindo-as no sentido jurídico do termo, o que gera distorção na aplicação da Norma. No *caput* do artigo 9º, consta que são Normas Gerais instituídas em todo o território nacional. Ou seja, não são passíveis de interpretações que apontem para o sentido contrário às suas disposições, principalmente quando essas interpretações venham a afetar o principal objetivo da Lei, que é dar segurança jurídica aos beneficiários mediante a titulação de seu imóvel, além dos benefícios urbanos e ambientais.

O Relator afirma ainda que *"não pode se beneficiar do caminho mais fácil"*, criticando a CDHU por ter requerido ao Oficial de Registro de Imóveis daquela Comarca a regularização de seu Conjunto Habitacional com base na Lei nº 13.465/2017. O i. Relator Pereira Calças acabou praticando a velha confusão ao misturar "alhos com bugalhos". E trouxe enormes prejuízos com isso, especialmente a milhares de mutuários daquela empresa pública de construção de moradias populares, pois fez com que os Ofícios de Imóveis do Estado, em sua maioria, passassem a "seguir o Relator", recusando os requerimentos de regularização dos conjuntos com base no referido Acórdão.

Felizmente, dada a dimensão do estrago causado e sem nenhum fundamento jurídico razoável que consubstanciasse aquela decisão, a Corregedoria Geral de Justiça de São Paulo lançou no final do ano de 2019 novo Provimento, de nº 56/2019, em que orienta os Ofícios a aceitarem os pedidos de regularização feitos pela CDHU, estando isso expresso no item 271 do Provimento:

> 271. São legitimados para requerer a REURB nos termos da Lei nº 13.465, de 2017:
>
> VI. as Cohabs e a CDHU

E o Provimento segue adiante:

> 271.1. Os agentes promotores legitimados para a regularização fundiária poderão requerer todos os atos de registro, independentemente de serem titulares de domínio ou detentores de direito real sobre a gleba objeto da regularização, observados os limites da Certidão de Regularização Fundiária (CRF) expedida pelo órgão competente e dos documentos que a compõem.

Está claro e expresso que os agentes promotores legitimados para requerer a regularização fundiária poderão requerer todos os atos de registro, mesmo não sendo, eventualmente, os titulares do domínio. A CDHU e as Cohabs podem, portanto, praticar todos os atos visando a regularização fundiária de seus empreendimentos, ainda que não sejam titulares do domínio. Isso é comum acontecer, pois a maioria dos conjuntos construídos há alguns anos por essas companhias de habitação foram fruto de acordo entre Estado e Prefeitura pelo qual o primeiro ente custeava as obras, projetos, licenças etc., e a Prefeitura se responsabilizava em doar os terrenos. Ocorre que muitas vezes a obra era concluída antes da efetivação da desapropriação do terreno pela Prefeitura. As unidades habitacionais eram então entregues aos mutuários, mas a doação do terreno da Prefeitura à empresa não ocorria. Existem conjuntos com mais de vinte anos de conclusão e que ainda estão nessa condição. A Lei nº 13 resolve essa pendência.

Houve casos de Registradores que se negaram a aceitar a tramitação do pedido de regularização fundiária feito pela CDHU ou COHABs com base na Lei nº 13.465/2017 alegando que elas não têm legitimidade para requerer a regularização de conjuntos, ou então que elas não poderiam fazê-lo por não serem as titulares do domínio.

A posição desses registradores eu até entendo, especialmente se o pedido envolve a gratuidade, como a lei prevê. Fato é que Registro imobiliário é pessoa jurídica comum, não são órgãos públicos e têm, portanto, todos os seus compromissos como qualquer outra PJ, tais como aluguel, salários, impostos, FGTS dos funcionários, INSS e todo o resto. A aplicação da tabela de descontos de até 75% dos emolumentos prevista na Lei nº 13.290/2008 em favor do órgão público requerente já me parece suficiente como vantagem ao poder público solicitante, e a muitos Registradores aceitam esse procedimento. Exigir que o trabalho de toda a equipe envolvida para se fazer um registro, que normalmente é de muitas unidades habitacionais, seja gratuito, pode não parecer muito justo com os Ofícios, embora conste da lei. Por outro lado, todavia, há que se ver que, havendo REURB em larga escala na cidade, um grande número de novos imóveis passará a integrar o rol de "produtos" com os quais o Cartório passará a trabalhar, rol esse que não passava pelo Cartório por serem imóveis irregulares, mas que passarão para a categoria de regulares a partir da REURB.

O que não se compreende de forma alguma é a posição contrária de alguns membros do Ministério Público e da Magistratura à aplicação da Lei nº 13. Até porque em última escala a Lei nº 13 nada mais faz do que regular a e estimular a aplicação do preceito constante da Constituição Federal de garantir moradia digna aos cidadãos.

Sinceramente não consigo assimilar a ideia de que uma pessoa que teve a oportunidade de estudar, cursar uma faculdade de Direito, dedicar horas e horas ao estudo para conseguir ser aprovado num concurso, passou, se investiu das enormes responsabilidade desses cargos e, na hora de fazer valer a aplicação da lei em benefício do lado mais vulnerável da sociedade, se voltem contra essas pessoas e contra a própria lei e até contra os preceitos constitucionais, causando prejuízos àquela família que esperava pela regularização há anos para poder registrar o seu imóvel e garantir a sucessão desse custoso bem aos seus filhos. Isso é lamentável, e para dizer o real sentimento que tenho, é triste, muito triste.

Digo isso tudo porque essas pessoas que critico afirmam que a CDHU e as Cohabs não podem requerer a regularização do conjunto que ela própria construiu irregularmente porque estaria querendo se valer agora do "caminho mais fácil" para regularizá-lo. A quem quiser checar indico consulta aos processos nº 1010478-07.2016.8.26.0320, Comarca de Limeira/SP, e 1001397-09.2019.8.26.0553, Comarca de Santo Anastácio/SP, neste, em especial Parecer do Ministério Público às fls. 479, que é a base da fundamentação judicial que negou o direito aos beneficiários.

Ainda nesse aspecto tenho que fazer justiça e mencionar o excelente Parecer da Eminente Dra. Stefânia Costa Amorim Requena, Juíza Assessora da Corregedoria Geral de Justiça do Estado de São Paulo, que frisou em sua manifestação no caso do Acórdão do primeiro processo acima indicado: "*Sob esse prisma, o objetivo de todo procedimento de regularização fundiária será a titulação de seus ocupantes, respeitadas a legislação urbanística e ambiental*".

Esse o ponto central.

Voltando à terceira situação – *assentamento sem titulação*- atribuir o adjetivo de clandestino a um núcleo urbano como fez a Lei em comento, não foi adequado, pois pelos conceitos mais atuais, isso sequer existe. O núcleo pode ser irregular, mas não clandestino. Para ser clandestino teria que estar num local impossível de ser visto, inexistente aos olhos comuns, e não é isso o que acontece via de regra. Como já dito, as Prefeituras conhecem seu território.

Retornando os comentários ao artigo 11.

Inciso III – núcleo urbano informal consolidado: aquele de difícil reversão, considerados o tempo da ocupação, a natureza das edificações, a localização das vias de circulação e a presença de equipamentos públicos, entre outras circunstâncias a serem avaliadas pelo Município.

Aqui está uma das possibilidades mais amplas para a qual esta Lei deve ser aplicada. Nas grandes cidades brasileiras é o caso mais comum em se tratando de núcleos urbanos informais. São aquelas ocupações ocorridas há muitos anos, de forma irregular, e que foi se consolidando, com as construções originais de madeira sendo substituídas paulatinamente por alvenaria, depois muitas vezes assobradadas, dotadas de infraestrutura urbana e de equipamentos sociais e já definitiva no local.

Inciso IV – demarcação urbanística: procedimento destinado a identificar os imóveis públicos e privados abrangidos pelo núcleo urbano informal e a obter a anuência dos respectivos titulares de direitos inscritos na matrícula dos imóveis ocupados, culminando com averbação na matrícula destes imóveis da viabilidade da regularização fundiária, a ser promovida a critério do Município;

Esse instrumento é muito útil para os casos em que haja descrições imprecisas da gleba onde está o assentamento, ou cujo proprietário não é identificado, ou com proprietários distintos. Pode ainda abranger uma parte ou a totalidade de ou mais imóveis.

São situações comuns no nosso país, cuja origem remonta lá na prática das sesmarias abordada no início do texto. Depois foram para os Ofícios de imóveis de antigamente, quando as descrições eram precárias, a qualificação dos interessados também e não se tinha equipamentos e condições que se tem hoje. Era o tempo da descrição que ser referenciava na árvore existente logo após a ponte, no riacho, na cerca do Seu José etc. Pode não parecer, mas essas situações são mais comuns do que se imagina. Para esses casos a Demarcação Urbanística pode ser útil. Ela serve de ato preparatório para posterior regularização.

Inciso V – Certidão de Regularização Fundiária (CRF): documento expedido pelo Município ao final do procedimento da REURB, constituído do projeto de regularização fundiária aprovado, do termo de compromisso relativo a sua execução e, no caso da legitimação fundiária e da legitimação de posse, da listagem dos ocupantes do núcleo urbano informal regularizado, da devida qualificação destes e dos direitos reais que lhes foram conferidos;

Documento expedido pela Prefeitura, tem mais ou menos o caráter do Habite-se, só que para regularização fundiária. Como se trata de um núcleo irregular, não se poderá atender a todos os requisitos urbanísticos exigidos para a expedição do Habite-se. É o documento mais importante previsto na Lei nº 13. De responsabilidade da Prefeitura, ele deve conter todos os detalhes do processo administrativo da regularização daquele núcleo. E trazer a listagem dos ocupantes. Isso é fundamental, pois o Ofício de Imóveis, para efetivar a titulação, vai se basear nessas informações que constarão da CRF.

A listagem dos ocupantes pode ser parcial, se houver dificuldades pontuais em incluir alguém. Essas dificuldades não devem prejudicar ou atrasar o processo da regularização. A CRF deve trazer a listagem e, depois, ser enviada ao Registrador uma lista complementar. Aqui está mais uma vez ressaltada a importância do trabalho social. A Equipe Social da Prefeitura é que terá a atribuição de obter os dados necessários para e elaboração dessa listagem e da lista suplementar, se houver.

Por fim, a CRF, como é expedida pela Prefeitura, gozará da presunção da veracidade e da fé-pública. O Oficial Registrador a receberá sob essa égide, e procederá de acordo com o que nela contiver. Por isso é fundamental que a CRF seja o resultado de um trabalho em equipe multidisciplinar feito da forma mais correta e aprofundada possível. Ela ensejará o cumprimento do objetivo final da Lei nº 13, que é a titulação do imóvel àquelas pessoas que lá vivem e que esperam isso há anos.

Inciso VI – legitimação de posse: ato do poder público destinado a conferir título, por meio do qual fica reconhecida a posse de imóvel objeto da REURB, conversível em aquisição de direito real de propriedade na forma desta Lei, com a identificação de seus ocupantes, do tempo da ocupação e da natureza da posse;

A principal observação a ser feita é que não cabe legitimação de posse de área pública, ela só aplicável a imóveis particulares. É utilizada como alternativa à legitimação fundiária de área privada, quando essa não possível por falta dos requisitos essenciais. Tanto é assim que, passados cinco anos, essa posse que foi conferida à pessoa poderá se transformar em propriedade, ainda que as condições urbanísticas não tenham sido alteradas para melhor.

A ressalva a esse inciso está no artigo 26, em que consta que a conversão da posse em propriedade será automática, independendo de provocação ou ato registral. Isso não acontecerá automaticamente. Se o interessado não for ao Cartório de Imóveis para requerer essa conversão, ela não se dará. E muito menos se dará de ofício pelo Cartório. O Registrador é obrigado a seguir, entre outros Princípios, o Princípio da Rogação. Só pode agir mediante pedido de alguém, mediante requerimento para que pratique algum ato. Então nada pode ser "automático". O beneficiário, passados os cinco anos, deverá ir ao Cartório de Imóveis requerer essa evolução de sua condição, de possuidor para proprietário.

Inciso VII – legitimação fundiária: mecanismo de reconhecimento da aquisição originária do direito real de propriedade sobre unidade imobiliária objeto da REURB;

Esse instituto sim, é eficaz, pela sua objetividade e assertividade. Ao reconhecer a aquisição originária de direito real de propriedade ele adentrou numa seara densa do Direito patrimonial de origem romana, visto no início deste livro. Ele permite que o beneficiário alcance a almejada segurança jurídica de seu bem, inclusive no aspecto sucessório, o que é muito positivo.

A controvérsia que alguns estudiosos apontam se refere a não exigência de requisitos mínimos para a obtenção desse tão importante passo, como tempo mínimo de exercício de posse, metragem e *animus donandi*. Realmente, a liberalidade da lei quanto a esses aspectos pode gerar eventuais distorções. Aproveitadores e oportunistas podem se valer dessa fragilidade que a lei oferece. Por isso caberá à Prefeitura a responsabilidade pela indicação das pessoas que farão jus a esse instituto, e fiscalizar. Há o perigo de uso eleitoral, deformando o sentido da lei de atender as pessoas necessitadas e que já construíram suas casas num terreninho adquirido com enorme esforço familiar.

Há, inclusive, questionamento judicial sobre sua eventual inconstitucionalidade, por não exigir comprovação de tempo mínimo de exercício de posse e nem metragem mínima. Fundamenta a inconstitucionalidade no artigo 183 da CF, que impõe os requisitos para a usucapião urbana de posse de no mínimo 5 anos e área máxima do terreno de $250m^2$. Tudo pode acontecer no âmbito judiciário, mas não me parece haver razão nesse questionamento. Como já dito anteriormente, nossa Carta Magna é fruto de acordos pontuais que não expressam a rigor os princípios fundamentais de Direito que a deveriam guiar. A todo instante ela adentra em minúcias que não deveriam ser de seu alvitre, como é esse caso. O direito à moradia digna, à usucapião, ao fim social da propriedade são temas que deveriam sim constar da Carta. Mas sem entrar nos detalhes, nos requisitos, nas particularidades. Fez isso e gerou problemas de toda ordem, pois entram-se com pedidos declaratórios de inconstitucionalidade a toda hora e em todos os lugares, ora por um detalhe, ora por outro. E um pedido de declaração dc inconstitucionalidade deveria ser um instrumento usado com parcimônia, já que muito sério e de consequências graves e de abrangência incalculável.

Esse instrumento jurídico em comento, a nossa Lei nº 13.465/2017, não tem inconstitucionalidade alguma. Muito pelo contrário. Ele torna eficaz o Princípio constitucional do direito à moradia, e moradia digna. Ele garante que isso de fato aconteça, e não fique apenas no plano das intenções e desejos.

E antes de ir para o próximo inciso vale menção às críticas feitas ao instituto, pois se prestaria a permitir a regularização de loteamentos de alto padrão em Brasília e seus arredores, suspeita essa que motivou uma das ações declaratórias de inconstitucionalidade.

A Constituição Federal veda a usucapião de imóveis públicos, e a legitimação fundiária o permite, esse o argumento dos proponentes da Ação Direta de Inconstitucionalidade. E tais empreendimentos estariam em áreas públicas. Ora, se isso é verdade, não é retirando da lei uma proposta tão avançada e adequada à realidade nacional que se resolverá o problema. Os órgãos de fiscalização é que devem agir a fim de coibir e punir quem pratica atos ilícitos. Sendo imóveis de alto padrão, seriam enquadrados na espécie de REURB E, e essa espécie não poderia ser contemplada em área pública, embora esteja prevista no artigo 16 da Lei nº 13. Há posições variadas quanto a isso, mas uma solução possível seria onerar a ocupação dessa área pública uma vez que os beneficiários têm poder aquisitivo para tanto.

Inciso VIII – ocupante: aquele que mantém poder de fato sobre lote ou fração ideal de terras públicas ou privadas em núcleos urbanos informais.

§ 1° Para fins da REURB, os Municípios poderão dispensar as exigências relativas ao percentual e às dimensões de áreas destinadas ao uso público ou ao tamanho dos lotes regularizados, assim como a outros parâmetros urbanísticos e edilícios.

§ 2° Constatada a existência de núcleo urbano informal situado, total ou parcialmente, em área de preservação permanente ou em área de unidade de conservação de uso sustentável ou de proteção de mananciais definidas pela União, Estados ou Municípios, a REURB observará, também, o disposto nos arts. 64 e 65 da Lei n° 12.651, de 25 de maio de 2012, hipótese na qual se torna obrigatória a elaboração de estudos técnicos, no âmbito da REURB, que justifiquem as melhorias ambientais em relação à situação de ocupação informal anterior, inclusive por meio de compensações ambientais, quando for o caso.

§ 3° No caso de a REURB abranger área de unidade de conservação de uso sustentável que, nos termos da Lei n° 9.985, de 18 de julho de 2000, admita regularização, será exigida também a anuência do órgão gestor da unidade, desde que estudo técnico comprove que essas intervenções de regularização fundiária implicam a melhoria das condições ambientais em relação à situação de ocupação informal anterior.

§ 4º Na REURB cuja ocupação tenha ocorrido às margens de reservatórios artificiais de água destinados à geração de energia ou ao abastecimento público, a faixa da área de preservação permanente consistirá na distância entre o nível máximo operativo normal e a cota máxima *maximorum*.

§ 5º Esta Lei não se aplica aos núcleos urbanos informais situados em áreas indispensáveis à segurança nacional ou de interesse da defesa, assim reconhecidas em decreto do Poder Executivo federal.

§ 6º Aplicam-se as disposições desta Lei aos imóveis localizados em área rural, desde que a unidade imobiliária tenha área inferior à fração mínima de parcelamento prevista na Lei nº 5.868, de 12 de dezembro de 1972.

Nesse inciso VIII, §§ 1º a 6º, está a última definição dos termos e conceitos utilizados na lei. Os parágrafos não deveriam ter sido utilizados para isso, pois que deslocados em relação ao teor do inciso. Ele explica o que a lei entende como "ocupante", e os parágrafos derivam para outra questão, que são os limites urbanísticos e os cuidados a serem seguidos se o núcleo estiver em área com implicação ambiental.

Nos dois artigos seguintes, 12 e 13, as referências às outras leis são pertinentes, até porque alteradas por esta em comento, como os artigos 65 e 66 da Lei nº 12.651/2012, o Código Florestal, que fora em grande parte já revogado, mas que sofreu alterações por esta nova lei. Tirante esse caso, vale menção elogiosa de que os legisladores e compiladores dessa Lei nº 13.465/2017 foram diligentes no que tange à interferência dela sobre outros tantos diplomas, tanto que cuidaram de citar uma a uma que tenha sido alterada ou revogada.

No artigo 14 estão as pessoas legitimadas para requerer a REURB. Nos incisos de I a V são enumerados os legitimados. Nesse ponto surgiu, como vimos acima, o embate entre as empresas estatais de construção de moradias, como as COHABs e a CDHU (essa no caso do Estado de São Paulo) e alguns Registradores. Muito embora o inciso I do artigo 14 seja explícito ao indicar "a União, os Estados, o DF e os Municípios, diretamente ou meio de entidades da administração pública indireta", alguns Oficiais se recusaram a aplicar a nova lei para regularizar conjuntos habitacionais promovidos pelos entes públicos. A justificativa para a recusa foi a de que um ente público não pode se valer de uma lei que foi criada para beneficiar aquelas pessoas carentes que vivem em comunidades ou "parcelamentos clandestinos", para pretender regularizar o seu empreendimento. Conjunto habitacionais feitos pelo Poder Público não seriam pessoas legitimadas para promover a REURB. Mas sua legitimidade já está consagrada no Provimento 56 do Tribunal de Justiça de São Paulo.

O artigo 15 traz, além dos institutos elencados no artigo 11, alguns outros, igualmente importantes, embora não sejam novidades legislativas. Aliás, é curioso ver que a lei os apresenta como instrumentos jurídicos da REURB, conforme título do Capítulo II e do *caput* do artigo 15. São 15 alíneas, mas na sequência da lei, quando ela começa a esmiuçar cada um deles, fala apenas de três e deixa de lado os demais. É de fato estranha essa sistemática. Deveria falar de todos ou de nenhum, porque da forma como está leva o leitor a certa dificuldade de compreensão de sua estrutura e de sua sequência.

Mas vamos aos institutos presentes nos incisos do artigo 15. O inciso I já foi visto acima, que trata da Legitimação da Posse e da Legitimação Fundiária.

> Artigo 15. Poderão ser empregados, no âmbito da REURB, sem prejuízo de outros que se apresentem adequados, os seguintes institutos jurídicos:
>
> Inciso II – a usucapião, nos termos dos arts. 1.238 a 1.244 da Lei nº 10.406, de 10 de janeiro de 2002 (Código Civil), dos arts. 9º a 14 da Lei nº 10.257 de 10 de julho de 2001 (Estatuto da Cidade), e do art. 216-A da Lei nº 6.015, de 31 de dezembro de 1973 (Lei de Registros Públicos);

Instituto antigo no Direito, a usucapião (o gênero desse substantivo é predominantemente feminino pelos dicionaristas brasileiros, embora haja também os que registram ser de ambos os gêneros. Eu, para seguir a forma usual falada pelo povo, adotei ambas as possiblidades).

Ele tem um sentido interessante do ponto vista social. Esse instituto seria uma "punição" ao dono que abandona a sua propriedade e um "prêmio" àquele que cuida de uma coisa que nem lhe pertence, mas para a qual dedica toda sua atenção. Deixando as mazelas de lado, atendo-se apenas ao sentido jurídico e social do usucapião, é um instituto que procura dar justiça e uso social aos bens. O proprietário de um terreno ou de uma casa que há anos não o utiliza para nada, não cuida, não conserva, normalmente sequer paga os impostos, é merecedor dessa "punição". E com isso o bem passa a pertencer a quem o preserva e o utiliza.

Há, claro, distorções na aplicação do instituto, mas isso se deve mais à atitude de quem se aproveita aeticamente da lei para se beneficiar dela, do que à existência da lei em si. A lei é boa, alguns é que a estragam, como em tantos outros casos. Esse instituto causa certa indignação e até inconformismo em algumas pessoas, especialmente nos defensores da propriedade privada que preconizam sua supremacia, acima de tudo e de todos. Certa vez um cliente, proprietário de dezenas de imóveis, tantos que ele sequer acompanha a sua utilização, ficou inconformado por sofrer uma derrota na Justiça e ver uma de suas casas passar para as mãos de uma senhora. Dizia ele que onde já se viu um dono perder assim sua casa, só porque a mulher mora lá há 20 anos, paga todos os impostos dessa casa desde que para lá se mudou, o IPTU está em nome dela, tem um contrato de compra e venda (celebrado com um antigo possuidor), reformou a casa construindo um segundo pavimento e lá vive há duas décadas. Mesmo inconformado, ele perdeu a casa para ela. Detalhe: ele sequer sabia que a casa havia sido ampliada, nunca foi à Prefeitura para saber como estava a situação do IPTU do imóvel, nunca passou em frente à casa para ver como ela estava, sequer sabia que um antigo possuidor celebrara contratos de compra e venda da casa (dessa e de outras vizinhas) com pessoas que pagaram para adquiri-las, imaginando que estivessem comprando do verdadeiro dono!

O usucapião tem várias versões nas diferentes leis citadas, mas sua presença na nossa Lei nº 13.465/2017 se dirige aos casos em que a posse se dá em lugares com moradias precárias, jurídica ou fisicamente, e que atendem aos preceitos, requisitos e propósitos dessa norma. O instituto está presente na nova lei, muito embora nem precisasse estar, pois as outras leis citadas no seu próprio texto já seriam suficientes para sua aplicabilidade, inclusive nos casos que agora se enquadram como REURB. A controvérsia levantada por alguns fica para a suposta inclusão do usucapião de imóveis públicos, o que nunca foi permitido. Isso estaria sendo deturpado pelo instituto da legitimação Fundiária, que se aplica a bens públicos. Mas são coisas diferentes e não podem ser igualadas com o fito de confundir e prejudicar sua aplicação.

> III – a desapropriação em favor dos possuidores, nos termos dos §§ 4º e 5º do art. 1.228 da Lei nº 10.406, de 10 de janeiro de 2002; (Código Civil)

Esse instituto é muito interessante. Trazido ao ordenamento em 2002 pelo então novo Código Civil promulgado naquele ano, foi pensado para atender situações de grandes ocupações em área particular, consolidadas há anos e sem possiblidade de solução. Para o proprietário reintegrar a posse, era praticamente impossível, dada a enorme e imensurável consequência social, com dezenas ou centenas de famílias sendo desalojadas de suas moradias onde viviam há muito tempo, crianças tendo que sair das escolas onde estudam, se desenraizando social e fisicamente, sendo interrompido o atendimento médico com acompanhamento – tipo médico de família –, relações de vizinhança abruptamente rompidas, famílias que moram juntas no mesmo terreno ou na mesma casa assobradada se separando, e todo o custo econômico de uma operação logística desse porte.

A favela de Paraisópolis, em São Paulo, é um caso desses. Com cerca de 100 mil habitantes e ocupando uma área de 10.000 m^2, era gleba pertencente a proprietários privados, que haviam adquirido a área incrustrada no meio do então nascente bairro do Morumbi pensando em sua valorização ao longo do tempo. Os proprietários planejaram um loteamento de alto padrão, com lotes de 10 x 50 m, ruas largas e arborizadas com 10 m de largura, mas o empreendimento não teve êxito pela distância e falta de acessibilidade na São Paulo de então. O local era muito longe de tudo e ainda tinha um enorme rio a ser vencido, o Rio Pinheiros. Na década de 1950 e mais acentuadamente na de 70, famílias sem moradia começaram a se instalar naquele enorme terreno baldio, sem qualquer uso, pela proximidade do trabalho gerado pelo boom imobiliário no Bairro do Morumbi, no qual a construção civil precisava de mão de obra para erguer os prédios no novo bairro de alto padrão que começava a surgir na cidade de São Paulo.

A consolidação da ocupação com centenas de famílias instaladas em situação de quase irreversibilidade, além dos vínculos sociais acima citados, tornava impraticável uma reintegração de posse massiva para desocupar a área. Por outro lado, os proprietários originais da gleba ficaram sem a posse do bem e sem poder dar a destinação que pretendiam ao adquiri-lo. Lembre-se que compraram aquela gleba com o fim de loteá-la e apurar seus ganhos, que seriam legítimos. Mas isso se tornou impossível.

Uma solução bastante razoável, que contemplaria ambos os lados da questão numa situação como a narrada, seria a aplicação desse usucapião previsto nos §§ 4º e 5º do artigo 1.228 do Código Civil. Comprovada a irreversibilidade da ocupação, a realização de benfeitorias na gleba, a boa-fé dos ocupantes e o tempo de ocupação sendo maior que cinco anos, o juiz poderia estipular um valor a título de indenização a ser pago pela coletividade para os proprietários originais. A comprovação desse pagamento resultaria numa sentença que serviria de registro da propriedade aos ocupantes junto ao Ofício imobiliário. É uma forma pacífica de solução da questão, de maneira a passar a propriedade aos ocupantes e, ao mesmo tempo, repassando aos proprietários originais algum numerário, de forma que não perderiam todo o investimento que fizeram, como ocorreria em um usucapião normal.

Muito embora tenha sido uma ótima proposta legislativa, na prática não foi muito utilizada. Agora a Lei nº 13 resgata o instituto, designando-o de desapropriação indireta. Não me parece muito apropriada tal designação, pois desapropriação é ato praticado pelo Poder Público em vista do interesse social. Não é o caso, pois não haverá necessariamente aporte econômico por parte do Erário público.

A transação é feita entre os particulares, ocupantes e proprietários da gleba. Até poderá vir a envolver o ente público, mas já numa etapa de implantação ou aprimoramento das redes de infraestrutura urbana. O ente público pode fazer parte das negociações durante o processo, integrar e ajudar na solução do problema, mas ele não é parte, não é o expropriante, por isso a inadequação da designação. Mas vale a intenção e a aplicação do instituto.

> IV – a arrecadação de bem vago, nos termos do art. 1.276 da Lei nº 10.406, de 10 de janeiro de 2002; (Código Civil);

Esse é outro instituto presente em normas anteriores, eficaz no conteúdo, mas igualmente pouco utilizado. Agora foi retomado pela Lei nº 13. Diferentemente do instituto do usucapião visto no inciso anterior, aqui se trata de imóvel particular que foi abandonado pelo dono, e que não está ocupado. Via de regra são imóveis com altos débitos de impostos e taxas, comumente com infindáveis disputas processuais entre herdeiros.

Nesse caso o Poder Público tem a possibilidade de "arrecadar" esse bem vago, ou seja, se apropriar do bem e dar a ele alguma destinação social ou de interesse público. É o que aconteceu recentemente no município de São Bernardo do Campo, como já visto. Eram imóveis abandonados e com débitos junto à Prefeitura. Aplicou-se a lei primeiramente num terreno de cinco mil m^2 num bairro central do município, próximo à Via Anchieta, e posteriormente a vários outros. Na cidade são 237 imóveis em condições de serem arrecadados, segundo levantamento da própria Prefeitura. É um número muito expressivo, especialmente em se considerando a enorme carência de recursos materiais por que passam os municípios atualmente no país, que têm política tributária extremamente centralizada que penaliza os municípios.

Na mesma linha de atuação o município vizinho, Santo André, editou norma semelhante. Relatou o Prefeito que, com base no artigo 1.276 Código Civil combinado com o artigo 64 da Lei Federal nº 13.465, de 11 de julho de 2017, a recuperação de imóveis abandonados permite à Prefeitura ampliar a produção de habitação de interesse social. É uma importante medida para dar destinação a estes espaços que estavam ociosos e garantir moradia e dignidade às famílias que aguardam por regularização na nossa cidade.

Ressalte-se que esse inciso IV é detalhado nos artigos 64 e 65 da Lei nº 13.

> V – o consórcio imobiliário, nos termos do art. 46 da Lei nº 10.257, de 10 de julho de 2001;

O consórcio imobiliário é outro instituto advindo de outra norma e que também não produziu os efeitos pensados quando de sua elaboração. É mais uma ideia de envolver proprietários de imóveis subutilizados em projetos de urbanização local nos quais esse imóvel se adequaria muito bem com um novo tipo de uso ou nova destinação. Para isso o proprietário o cederia ao poder público, que faria as obras e transformações necessárias, e daria como pagamento (a figura da "dação em pagamento" do Direito Civil) parte do resultado dessa intervenção estatal. O restante da intervenção se incorporaria ao patrimônio público.

Guardadas as devidas ressalvas, é mais ou menos como se houvesse uma sociedade entre o particular que tivesse capital imobilizado e o poder público, que tivesse capacidade de realização de investimento em obras, com o objetivo de construir unidades habitacionais. Feita a sociedade entre ambos, o segundo, posteriormente à realização da obra, entregaria parte das unidades habitacionais ao primeiro, ficando ele, Poder Público com as demais unidades. Isso agregaria capital imobiliário imobilizado à capacidade construtiva do Estado, gerando novas moradias onde não seria construída nenhuma, possibilitando atendimento a parte da demanda sempre reprimida nessa área e ainda dando destinação econômica a um terreno até então paralisado e que atrapalhava a cidade.

> VI – a desapropriação por interesse social, nos termos do inciso IV do art. 2º da Lei nº 4.132, de 10 de setembro de 1962;

Desapropriação por interesse social é instrumento amplamente conhecido e aplicado. Curioso o legislador ter citado essa fonte, e só essa, já que o instituto se replicou em outras normas ao longo dos anos, tais como no artigo 5º, inciso XXIV da Constituição Federal, no artigo 182, § 4º, do mesmo diploma e no artigo 8º da Lei nº 10.257/2001, o Estatuto da Cidade. A lei citada é a Lei de desapropriação por interesse social, promulgada em 1962 pelo então Presidente João Goulart. Era uma norma avançada para a época e, embora curta, permitia a desapropriação para variados fins sociais, dentre os quais para construir moradias, manutenção de colônias agrícolas, preservação de rios e mananciais e outras finalidades importantes. Nossa lei em comento destacou o inciso IV daquela lei, que se destina a:

> IV – a manutenção de posseiros em terrenos urbanos onde, com a tolerância expressa ou tácita do proprietário, tenham construído sua habilitação, formando núcleos residenciais de mais de 10 (dez) famílias;

Poderia ter citado outros incisos também, ou apenas a lei, por sua abrangência e correção. Voltando ao artigo 15 da Lei nº 13.465/2017:

> VII – o direito de preempção, nos termos do inciso I do art. 26 da Lei nº 10.257, de 10 de julho de 2001;

Como é sabido, direito de preempção é a preferência ao Poder público municipal para adquirir um imóvel sobre o qual haja interesse de venda. Há requisitos que estão previstos entre os artigos 25 e 25 do Estatuto da Cidade, dentre os quais a previsão legal em conformidade com o Plano Diretor.

Esses requisitos, ou condições, são mesmo importantes que existam na lei a fim de evitar atos discriminatórios, revanchistas ou de interesses escusos que poderiam ser praticados por autoridades municipais. Assim, para que se possa utilizar esse instituto, o Plano Diretor da cidade ou norma equivalente tem que ter previsto os imóveis sobre os quais poderá ser aplicado esse instituto. O intuito é claro, qual seja, possibilitar que o Poder público implante as diretrizes urbanísticas recomendadas pelos estudos técnicos de planejamento urbano, dando a devida publicidade a essa intenção.

> VIII – a transferência do direito de construir, nos termos do inciso III do art. 35 da Lei nº 10.257, de 10 de julho de 2001;

Outro instrumento derivado no Estatuto da Cidade, o direito de transferência tem sido muito utilizado nas grandes cidades, mais em conjunto com as Operações Urbanas do que para atender à previsão do inciso III, que se refere às questões da habitação de interesse social.

Esse autor, particularmente, é crítico dessa ideia. O principal argumento para essa minha posição, que é minoritária, é bom que ressalte, é técnico-urbanística. Qual é essa questão: os arquitetos e urbanistas se debruçam por anos em estudos que procuram indicar os parâmetros urbanísticos que são mais adequados para o ser humano. Isso envolve inúmeros aspectos, que perpassam pelas questões climáticas como insolação e ventilação adequadas a cada tipo de espaço, adensamento populacional para determinada região da cidade levando em consideração o perfil do bairro, se residencial, se comercial, industrial ou misto, a característica do sistema viário existente, a morfologia urbana, as declividades das vias, o perfil da cidade e de seus loteamentos e ocupação originais, e sobretudo a influência do fator anímico sobre a vida das pessoas que vivem ou transitam pelo local.

Pois bem, aqueles profissionais se debruçam sobre todas essas questões e procuram chegar a alguns parâmetros que, ainda que não alcancem a perfeição propositiva, chegam perto de prever uma cidade ambientalmente sustentável e psicologicamente agradável para se viver. Esses parâmetros técnicos são expressos em números.

Assim, os vários índices existentes nessa área técnica, como taxa ou índice de ocupação dos terrenos, o índice ou coeficiente de aproveitamento, a taxa máxima de impermeabilização do solo, eventual gabarito máximo (altura das edificações), recuos laterais, de frente e de fundo, projeções horizontais, tamanhos de lotes e outros, servem para tentar se fazer uma cidade mais justa, humana, eficaz e sustentável.

Pois bem, então qual é o problema que faz esse autor se posicionar contrário ao instituto da venda de potencial construtivo? É simples: tenho essa posição porque todos os esforços dos arquitetos e urbanistas feitos após muito estudo vão diretamente para a lata de lixo! Deixam-se de lado todos esses índices técnicos a que chegaram os profissionais e estabelece-se um único índice, por exemplo 1, como coeficiente de aproveitamento do terreno. Daí o interessado manifesta o desejo de ultrapassar esse limite e o poder público aceita, vendendo-o. Ou seja, todos os estudos são desprezados e passa-se a vender o espaço de construção muito além dos índices a que chegaram pelos estudos do que viria a ser mais adequado para aquele espaço.

Não é à toa que lugares como a Avenida Luiz Carlos Berrini, em São Paulo, em poucos anos passaram de um bairro residencial e tranquilo para um espaço visualmente lindo, com prédios envidraçados, fotografados e festejados, mas urbanisticamente péssimo, com trânsito caótico, falta total de infraestrutura urbana que suporte a quantidade de gente que trabalha nesses lindos prédios, sem falar no deslocamento forçado que foi imposto aos moradores antigos do bairro. Tudo em nome da "modernidade". Será que isso é mesmo o sinônimo de "modernidade"? Essa a questão.

> IX – a requisição, em caso de perigo público iminente, nos termos do § 3º do art. 1.228 da Lei nº 10.406, de 10 de janeiro de 2002 (Código Civil);

Esse artigo do Código Civil descreve as possibilidades da desapropriação por interesse ou utilidade pública e a requisição em caso de perigo iminente. Também tem previsão na Constituição Federal, artigo 5º, inciso XXV.

A requisição administrativa pode ser tanto civil como militar. A militar é para defender a soberania da Nação em caso de eventual ataque por forças armadas externas. O Governo requisita então o uso de determinado bem, que pode ser móvel ou imóvel, para a defesa do país. A requisição administrativa civil é para o caso de enchentes, catástrofes naturais, epidemias e que tais. No momento em que este livro é escrito o mundo está passando pela pandemia do Covid 19, com severas e globais medidas restritivas ao direito de ir e vir do cidadão. Tais medidas são necessárias em defesa da saúde da coletividade. Pois bem, para auxiliar na adoção das medidas de prevenção e combate à tal pandemia, os Governos das três esferas administrativas podem lançar mão desse instrumento, requisitando hotéis que estejam com pouco uso e transformando-o em hospitais de campanha, por exemplo. Eventuais componentes e aparelhos de saúde que estejam encostados em alguma unidade de saúde também podem ser requisitados pelo Poder Público.

Em qualquer situação o Estado deverá indenizar o proprietário posteriormente ao uso em caso de ter causado avarias ou danos.

> X – a intervenção do poder público em parcelamento clandestino ou irregular, nos termos do art. 40 da Lei nº 6.766, de 19 de dezembro de 1979;

Esse é um instrumento de verdadeira intervenção do Poder Público sobre parcelamentos irregulares para proteger o interesse dos adquirentes. Note-se que essa Lei nº 6.766 é de 1979. A previsão contida nesse artigo 40 era poderosa em defesa dos compradores dos lotes e da própria questão urbana.

Ela afirma que o poder Público poderá realizar as obras necessárias para regularizar o parcelamento, podendo reter os pagamentos das parcelas pagas pelos adquirentes e cobrar do loteador os gastos que teve para regularizar o empreendimento. Essas possiblidades eram magníficas naquele momento. Vínhamos de uma época em que os loteadores não se preocupavam em entregar lotes dotados de infraestrutura urbana nenhuma, nem mesmo servido de água. Eles parcelavam o solo, vendiam mediante contrato simples de compra e venda registrados em Cartório de Títulos e Documentos, que não tinham a atribuição de checar o atendimento ou não à lei de parcelamento do solo. Era apenas um registro do contrato, mas que recebia o carimbo no Cartório e isso era passado aos compradores dos lotes como sendo a chancela da regularização do loteamento. Uma enganação, é claro, mas que causava o impacto desejado por esses maus empreendedores imobiliários sobre as pessoas que compravam os lotes, geralmente humildes e em busca de um chão para abrigar sua família que vinha de longe tentar a vida na metrópole.

O instrumento legal era, portanto, ótimo e oportuno. O problema era que, mesmo aquelas Prefeituras que resolveram aplicá-lo e fizeram o que determinava a lei, acabaram esbarrando na burocracia pouco inteligente então reinante. Recebendo os pedidos de regularização pela Prefeitura, o processo era negado por falta de documentação dos verdadeiros proprietários, ou do terreno onde fora assentado o loteamento, ou dos herdeiros, do espólio, dos órgãos como Cetesb e Sabesp no caso do Estado de São Paulo e seus congêneres nos outros Estados. Enfim, raramente um Prefeito tinha a coragem de afrontar esses maus loteadores e, quando aparecia um que a detinha, não lograva êxito esbarrando na "burrocracia" reinante no além mar... e que, diga-se de passagem, diminuiu, mas não se extinguiu.

Para se ter um exemplo recente dessa burocracia desinteligente – embora totalmente fora de nosso escopo – a imprensa noticiou no início de 2020 que uma pessoa de 70 anos foi chamada a comparecer a uma agência do INSS para fazer prova de vida, do ano de 2020. Obediente, lá compareceu o nobre cidadão e atendeu aos requisitos previstos. Dias depois, porém, recebeu uma nova notificação para comparecer ao local. Diligente, lá foi ele novamente. Ao indagar o motivo da nova convocação, foi informado que não fizera a prova de vida do ano anterior, de 2019. Ou seja, estava vivo em 2020, mas não tinha feito prova de que estivesse vivo um ano antes! Dispensam-se comentários.

> XI – a alienação de imóvel pela administração pública diretamente para seu detentor, nos termos da alínea *f* do inciso I do art. 17 da Lei nº 8.666, de 21 de junho de 1993;

Esse instrumento não considero viável de aplicabilidade. Ele integra esse rol por já estar previsto na Lei de Licitações, a 8.666. Confesso que desconheço se já tenha sido aplicado alguma vez, ao menos nas grandes cidades, para casos de ocupação para moradia social. O que parece ser mais comum para esse tipo de caso é ou o Poder público nada fazer, ou seja, fazer a chamada "vista grossa", ou pedir a reintegração de posse contra os ocupantes dessas áreas, o que é muito pior. Reconhecer a ocupação e alienar aos ocupantes o imóvel onde já moram não me parece ato rotineiro de ser visto, embora devesse ser.

Há no Brasil inúmeros casos que poderiam ser objeto desse instrumento. Um exemplo que talvez tivesse evitado uma tragédia é o caso do Edifício Wilton Paes de Almeida, no centro de São Paulo.

Como foi amplamente noticiado, esse edifício, chamado popularmente de Torre de Vidro, ruiu por completo após ser tomado por incêndio de grandes proporções em 1º de maio de 2018. O prédio era ocupado por moradores que trabalhavam na região central, ambulantes, pessoas que trafegavam por ali, desempregados, imigrantes e toda sorte de pessoas carentes de moradia.

O prédio era propriedade da União. Tinha abrigado o INSS e a Polícia Federal por muitos anos. Ficou vazio, as pessoas o ocuparam, daí a União resolveu passá-lo para a Prefeitura com a justificativa de que a Prefeitura tinha melhores condições de destiná-lo à moradia popular. Obviamente, nada foi feito.

Aqui está um exemplo claro do não uso do instrumento em comento. Bastava a União aplicar o que prevê esse instituto jurídico e alienar as unidades habitacionais àqueles moradores que lá já viviam, com uma política de preços realista e adequada àquela situação, e o lamentável episódio teria sido evitado. Isso não foi feito, a Prefeitura também nada fez, e o resultado foi a tragédia, da qual nunca mais houve um só pronunciamento oficial sobre o número de vítimas fatais que ficaram sob os escombros daquele exemplo de não política pública de destinação de próprios estatais sem uso.

> XII – a concessão de uso especial para fins de moradia;

Esse instrumento é dos mais relevantes, mas infelizmente muito pouco aplicado. É conhecido como CUEM, e vem sendo regulado desde a Constituição Federal de 1988. O § 1º do artigo 183 da CF diz: "O título de domínio e a concessão de uso serão conferidos ao homem e à mulher...". Esse instituto se difere muito dos demais justamente por ter previsão constitucional. Uma diferença significativa na CUEM da Lei nº 13.465/2017 para a CUEM da MP 2.220: a não necessidade, para a CUEM coletiva, de indivisibilidade da posse. A exigência anterior caiu e agora é possível aplicar a CUEM independentemente dessa questão, ampliando as possibilidades de seu uso para aquelas aglomerações urbanas – ou apenas com características urbanas- em que as divisas entre os lotes seja de difícil definição.

Em favelas é comum as divisas entre os lotes não serem muito bem definidas. Muitas vezes houve um "desdobro" prático, no lote onde havia uma casa acaba-se construindo uma segunda para a filha que casou, depois outra menorzinha para o outro filho e assim vai-se construindo o espaço onde todos vivem e compartilham daquele pedaço de terra. Com o tempo essa dinâmica vai se dando em vários lotes. E acontece que após alguns anos, uma dessas casas que foram sendo construídas no lote que foi sendo multiplicado é vendida para terceiros, e esse terceiro faz questão de passar a divisa bem definida, separando o que antes era o mesmo quintal. Depois uma outra casa se amplia, a da frente vira comércio e assim vai-se consolidando o espaço, e no lote original que pertencia a uma só família começam a viver núcleos familiares diversos.

Multiplicando-se essa situação pelos inúmeros lotes, tem-se ao final uma natural dificuldade de se definir e delimitar a área ocupada por cada unidade habitacional. Para os moradores isso não é problema. O problema é para aplicar essa lei e garantir a cada um daqueles moradores o direito que lhes é pertinente.

Quando essa demarcação se torna inviável é que deve ser aplicada a CUEM coletiva. Ela resolve o problema jurídico do reconhecimento e validação da posse e do uso, mas de forma coletiva, não individualmente. Isso pode ser bom e pode ser ruim, depende muito do grau de coletivismo que exista naquela comunidade.

Já vi situações no passado em que a própria coletividade aspirava à propriedade coletiva da terra. Durante a gestão da Prefeita Luíza Erundina, na cidade de São Paulo entre os anos 1989 e 1993, na área de Habitação social aquela gestão teve uma atuação de destaque, promovendo muitos mutirões de construção de moradia popular. Num dos casos, chamado Conjunto Jardim Celeste, proximidades do bairro do Ipiranga, as principais lideranças do Movimento de Moradia defendiam que a propriedade das unidades habitacionais edificadas no conjunto deveria ser coletiva, em nome da Associação de Moradores, e ela própria administrar o uso e a ocupação do conjunto. Essa discussão evoluiu bastante junto aos futuros moradores do conjunto, mas foi interrompida com o fim da gestão e ascensão de grupo político antagônico a esse tipo de política pública.

Apesar das amplas possibilidades que a CUEM permite, também esse instrumento tem sido pouco utilizado nas cidades brasileiras.

XIII – a concessão de direito real de uso;

A chamada CDRU é prevista no Decreto-lei nº 271/1967. O artigo 7º desse Decreto-Lei estabelece as situações em que pode ser utilizada a CDRU: para regularização fundiária de interesse social, urbanização, industrialização, edificação, cultivo da terra, aproveitamento sustentável das várzeas, preservação das comunidades tradicionais e seus meios de subsistência ou outras modalidades de interesse social em áreas urbanas. Essas previsões mais de caráter social foram introduzidas no Decreto-Lei posteriormente, pela Lei nº 11.481/2007.

O Decreto-lei nº 271 tinha como objetivo principal normatizar os loteamentos urbanos e responsabilizar seus empreendedores, equiparando-os aos incorporadores e adequando o loteador urbano aos termos da Lei nº 4.591/64, que regulava as incorporações imobiliárias e os condomínios. De fato, serviu para essa finalidade.

A principal inovação que esse Decreto-Lei trouxe foi justamente a Concessão de Direito Real. Trata-se de Direito Real, o que a difere dos demais institutos, inclusive da CUEM. Pode ser usada como garantia real, fato que a encorpa. É feita por meio de contrato que pode ser oneroso ou gratuito, de propriedade particular ou pública e é resolúvel, ou seja, pode terminar.

As normas subsequentes que tratam de direito urbanístico mantiveram a CDRU. E da mesma forma que os institutos anteriores, também a CDRU não foi amplamente utilizada como poderia e deveria ter sido. O Estatuto da Cidade trouxe esse instituto no artigo 4º, ao lado da CUEM. O artigo 48, nas Disposições Gerais do Estatuto da Cidade, explica um pouco a sua aplicabilidade, para os casos de projetos habitacionais de interesse social.

A observação negativa desses dois institutos de concessão, é que eles não geram a propriedade do imóvel para o morador, pois se tratam de concessões de uso, o Poder público permite seu uso, mas não transfere a propriedade.

XIV – a doação;

Doar um lote a alguém é algo previsto em qualquer legislação originária do Direito Romano, como a nossa. Aliás, doar qualquer bem é possível, desde que dele se seja dono. Portanto, nessa área de regularização fundiária isso também é possível. Mas tem-se que admitir que não é comum alguém doar terreno, a menos que essa terra já esteja perdida, improdutiva, ocupada, imprestável ou com impagável dívida tributária. Essa última hipótese é mais comum, como IPTU, por exemplo, dívida que acompanha o imóvel, a chamada *propter rem.*

XV – a compra e venda.

Essa é forma clássica de transmissão de propriedade, dispensando análises.

Os três artigos subsequentes, 16, 17 e 18 merecem observações distintas. O artigo 16 é o que gerou maiores críticas, pois teria sido incluído na lei, já na fase de sua aprovação, para contemplar loteamentos de padrão elevado e ainda irregulares.

O artigo 17 muda de assunto e se volta à forma de registro que o Oficial deverá adotar de acordo com o pedido do ente público, no caso de ele ser o proprietário da área, podendo ser feito em ato uno.

O artigo 18 trata das Zonas Especiais de Interesse Social (ZEIS). Esse instrumento de política urbana não é novo. Foi adotado primeiramente na cidade de Recife na década de 1980 e depois em vários municípios nas décadas seguintes. Na cidade de Mauá/SP, por exemplo, esse autor, quando esteve Secretário Municipal de Habitação naquela cidade, aprovou lei na Câmara Municipal que instituía alguns grandes bairros populares e irregulares da cidade, como Jardim Zaíra (área particular, com cerca de 90 mil habitantes) e o Jardim Oratório (área pública com cerca de 25 mil habitantes), como ZEIS. O objetivo era facilitar a regularização dessas importantes áreas da cidade, com a realização das obras necessárias, desburocratização documental, flexibilização dos parâmetros e índices urbanísticos e obtenção de recursos junto aos programas de fomento para a infraestrutura urbana e regularização fundiária.

Para se fazer a REURB pela Lei nº 13 em determinado bairro não é necessário que ele esteja gravado como ZEIS. Nas cidades onde haja bom planejamento urbano, naturalmente tais bairros já foram gravados como ZEIS, mas onde não sejam gravados como ZEIS é desnecessário que isso seja feito para que possa ser regularizado.

Os artigos 19 a 22 tratam da Demarcação Urbanística. Essa forma de regularização prevista na lei, na verdade, indica a área que poderá vir a ser regularizada. Não é propriamente a regularização, mas um caminho para se chegar a ela. É apropriada para os casos em que houver indefinição ou extrema dificuldade para a identificação registral da gleba onde está o núcleo habitacional, ou quando houver sobreposição de áreas, ou ainda quando sequer seja possível a delimitação física precisa. Nesses casos pode-se usar da Demarcação, que será instrumento útil para posterior regularização formal do núcleo. Importante ressalvar que não é necessária a Demarcação para se chegar à regularização. Havendo outras possibilidades para se chegar à regularização, tanto melhor, encurta-se o caminho.

O Provimento 56 da Corregedoria de Justiça do Estado de São Paulo (CGJ/SP), itens 311 a 313, indicam os procedimentos a serem feitos.

Entre os artigos 23 e 24 da Lei nº 13.465/2017 está o instrumento da Legitimação Fundiária detalhado. É, como visto, instrumento de extrema valia e importância para os núcleos urbanos informais. Por ele o ocupante adquire a propriedade de seu imóvel, não apenas a posse. Trata-se, como diz a lei, de "forma originária de aquisição de direito real de propriedade". Ou seja, é forma de aquisição de propriedade derivada do exercício da posse. Isso é de grande valia. E sendo aquisição originária, ela vem sem transportar para o imóvel eventuais problemas e implicações anteriores que recaíam sobre o imóvel. Os problemas que existiam continuam podendo ser objeto de cobranças, mas não impede sua aquisição por quem nele viva, que não deve assumir os ônus que gravam o imóvel decorrentes de outros fatos jurídicos independentes de seu uso pelo ocupante e que não impedem a regularização.

No modo de ver desse autor, esse é o instrumento mais avançado em termos de reconhecimento de direitos a quem ocupa terrenos para sua moradia e/ou subsistência familiar. Ele traz agilidade, desburocratiza, desonera por dívidas contraídas pelos antigos proprietários e aponta para o futuro ao possibilitar que o benefício se estenda a outros ocupantes que, naquele momento não tenham conseguido comprovar estarem aptos a fazer jus ao instituto, mas que poderão vir a fazê-lo, por meio de atendimento em cadastro complementar, como já explicado.

Vale uma remissão ao início deste livro, quando comento sobre o trabalho social. Ninguém estará mais apto a dizer quem pode ou não pode ser beneficiário desse instrumento jurídico de enorme peso e repercussão no mundo do Direito do que as equipes sociais que trabalhem diretamente naquele núcleo. Como a lei dispensa uma série de exigências probatórias documentais e, ao mesmo tempo, atribui às Prefeituras o poder de dar aplicabilidade ao instrumento, as equipes técnico-sociais das Prefeituras é que terão a possibilidade de indicar e fazer justiça a quem de fato o mereça.

Sabemos que isso pode ter seus riscos, pois conhecemos a realidade brasileira e como se dá o exercício do poder político. Mas não podemos ficar agarrados a uma tradição populista ou desonesta no exercício das políticas públicas. O que importa é que a lei aí está, é ótima para atender aos mais necessitados e que fizeram de um pedaço de chão o seu lar e seu sustento. Cabe ao povo em geral e às autoridades constituídas, especialmente o Ministério Público, fiscalizar, denunciar, agir e evitar desmandos. Se os houver, a culpa não será da lei, mas de alguns homens.

Os artigos 25 a 27 tratam da Legitimação de Posse detalhada. Esse instrumento, pode-se dizer assim, com o perdão do reducionismo, é um procedimento um degrau abaixo da Legitimação Fundiária. Enquanto a Legitimação Fundiária confere propriedade do imóvel ao seu legítimo ocupante, esse aqui não chega a tanto. Mas não deixa de ser um importante instrumento, pois confere juridicamente a posse àquele que a requer. Se os requisitos necessários para a obtenção da propriedade por meio da Legitimação Fundiária não forem suficientes para obtê-la, pode-se requerer a Legitimação de Posse, que futuramente, após cinco anos, poderá se transformar em propriedade, passando de Posse a Legitimação Fundiária, conforme o artigo 26.

CONCLUSÃO DA ABORDAGEM CONCEITUAL

Aqui terminam os instrumentos propostos pela Lei nº 13.465/2017 para a regularização fundiária de núcleos urbanos. A lei passa, a partir do artigo 28, a estabelecer as regras administrativas de registro, como deverão ser feitos e apresentados os projetos de REURB, regras sobre o Direito de Laje, Condomínio Urbano Simples, Conjuntos, Arrecadação, Propriedade Fiduciária e Arrendamento Residencial, Alienação de Imóveis da União e Disposições Finais.

Todos esses itens são importantes e deram consistência à Lei nº 13, especialmente porque, como já dissemos, seus redatores foram extremamente cuidadosos ao procurar citar uma a uma as demais normas e artigos atingidos por ela.

Desses itens todos citados acima, faltou tecer comentários ainda apenas ao Condomínio Urbano Simples e ao Direito de Laje, pela inovação que representam. Os demais entendo não ser objeto estrito ao que se propõe este livro despretensioso, cujo objeto central é a regularização de núcleos urbanos informais, a REURB.

Para casos em que num mesmo lote haja várias construções com moradores diferentes, familiares ou não, a solução adotada pela Lei nº 13.465/2017, em seu artigo 61, foi a constituição do chamado "**condomínio urbano simples**". É uma ótima solução para as ocupações em que existam subdivisões dentro de um mesmo lote. Longe de ser uma espécie de condomínio tradicional, em que é necessário haver a convenção de condomínio, seu registro e constituição, o condomínio urbano simples recebeu esse nome, mas que não é muito apropriado. O Prof. Renato Góes, que participou das discussões que resultaram na Lei nº 13, sugeria o nome de "direito ao puxadinho", na esteira do "direito de laje". Estava certo o Professor, pois ainda que esse nome tivesse informalidade demais, sua leitura já traria junto o seu conceito. Nas ocupações irregulares isso se replica em muitos lotes, e a inclusão dessa ideia na lei viabilizou solucionar isso que praticamente impossível de ser resolvido com as normas até então existentes. E com o detalhe fundamental de que ele é forma de aquisição de propriedade, com titulação registrada no devido Ofício de Imóveis.

Sobre o Direito Real de Laje, artigos 55 a 57, a Lei nº 13 tratou, na verdade, de fazer as necessárias adequações nos outros diplomas por ela afetados nesse aspecto. Mudou logo de início o Código Civil, Lei nº 10.406/2002, em seus artigos 1.225, 1.510 (de A a E). Mudou a Lei nº 6.015/73, Lei de Registros Públicos, artigos 167, 171, 176, 195-A e B, e a Lei nº 13.105/2015, o Código de Processo Civil (CPC), *caput* do artigo 799, acrescentando os incisos X e XI.

Trata-se de matéria controversa no Direito das Coisas, pois altera substancialmente a tradição existente quanto ao direito real de superfície. A ideia tem origem no Código Civil de Portugal e para alguns estudiosos a denominação é inexata. Isso porque esse Direito não se refere somente à laje, aos andares superiores de uma edificação, mas também ao subsolo, ou seja, aos andares inferiores ou no subsolo de uma edificação. Mas o legislador preferiu adotar essa nomenclatura em função do uso popular da expressão.

Para melhor entender do que se trata, em linguajar simples e não jurídico como é o objetivo deste livro, o Direito Real de Laje se refere a uma casa construída sobre outra casa, com donos diferentes, ou embaixo dela.

Em favelas e ocupações irregulares isso é mais do comum. Num só terreno, quando os filhos se casam, ou quando chega um novo parente vindo de lugares distantes, constrói-se uma segunda ou terceira casinha ou no fundo do lote ou, quando não há espaço para isso, em cima da já existente. Se forem construções separadas no terreno, como já visto, tratar-se-á de condomínio urbano simples. Mas se a construção for para cima ou para baixo em relação à casa anteriormente já existente (chamada de casa-base) será esse caso. Normalmente se faz uma escada caracol do lado de fora e esse é o acesso à nova casa feita lá em cima.

Enquanto esses andares estão na mesma família não se vê claramente que isso possa ser desdobrado em termos jurídicos. Mas imagine na hora em que os pais da família resolvem se mudar e vendem a casa. Sem se aplicar o Direito de Laje, o que será vendido é a casa inteira, com os três ou quatro andares, ainda que os acessos sejam independentes. Quem está comprando, estará comprando tudo. E a permanência dos moradores dos andares superiores dependerá de algum acordo que se faça com o novo dono.

Pode acontecer também o contrário. O filho que mora lá em cima resolve se mudar, e como foi ele quem construiu a casa de cima, ou seja, ele que arcou com os custos disso, se sentirá no direito de vender essa construção para qualquer outra pessoa. Isso é muito comum de acontecer, muito mais do que se possa imaginar. Não se fica sabendo muito dessa realidade porque, via de regra, há acordo entre todos os interessados, e a vida vai sendo tocada em frente, com ou sem "papel" referente à casa ou aos direitos de cada um. O "contrato social" vai-se realizando na prática, e funciona plenamente. Como diz o ditado, "o povo se entende".

O nosso Direito Real de Laje então o que é? É a "separação" jurídica dessas casas, a de baixo e a de cima. Cada qual fica sendo uma unidade autônoma, independente. Tanto é assim que terão matrículas diferentes no Registro de Imóveis. Serão duas matrículas desvinculadas uma da outra.

Essa ideia causa espécie no tocante às lições que se aprende nos cursos de Direito sobre bem principal e bem acessório. Aprende-se desde cedo que o "acessório segue o principal" (artigo 92 do Código Civil). Com essa lógica, a casinha do terceiro andar seria um bem acessório à casa principal, que por sua vez é bem acessório do terreno, que é o bem principal. Assim, a casinha sobrelevada seria um acessório que seguiria o lote. Só que a partir desse novo dispositivo legal, isso deixou de ser assim.

O problema vai aparecer quando se pensar na parte prática. Imagine uma hipótese em que o dono da casa de baixo resolva fazer uma reforminha na sua moradia. E isso é perfeitamente normal. Mas se essa reforminha envolver alguma parte estrutural que possa afetar a casa de cima, ou vice-versa? Veja bem como aqui surge um considerável problema jurídico. O dono da casa de baixo tem todo o direito de mexer na casa dele, afinal quem é dono pode usar, gozar e dispor da coisa ao seu bel prazer, respeitando o direito de vizinhança, como se viu. Só que o dono da casa de cima também tem o direito de manter a casa dele que fora concebida ou construída, não podendo ser obrigado a aceitar modificações porque o dono da casa debaixo deseja modificar a casa dele. E agora, como fica a aplicação do Direito? Ambos são proprietários, ambos têm os mesmos direitos inerentes ao direito de propriedade.

Talvez a solução esteja na frase colocada no parágrafo anterior, o respeito ao direito de vizinhança. Sem dúvida ambos são vizinhos, verticalmente, mas o são, como num prédio de apartamentos. O que deve prevalecer é o pacto entre eles, e nisso a população que vive nas favelas e nas ocupações irregulares sabem exercê-lo com maestria. Não há outra forma de resolver uma questão dessas a não ser por meio de acordo entre esses vizinhos. Se um deles partir para resolver o caso de forma egoísta, não resolverá. Ao contrário, poderá criar mais problemas que soluções.

Há uma questão, no entanto, que torna o uso desse instituto de difícil aplicação: é a exigência de que um profissional ateste a estabilidade da construção. Por essas dificuldades não acredito na eficácia desse instituto, embora o considere bastante arrojado, progressista e realista.

Ficam por aqui os comentários. A Lei nº 13.465/2017 tem muito mais a ser comentado, mas este livro foi proposto apenas para essa parte da lei. O importante a se frisar que a regularização Fundiária no Brasil vem avançando, cada nova edição normativa que ocorre o tema vai sendo consolidado. E isso é muito bom, pois a irregularidade urbana causa inúmeros problemas à cidade, à saúde pública, ao meio ambiente, ao saneamento e, mais severamente, aos cidadãos.

Eles não são os culpados por essa situação. Muito pelo contrário, são vítimas de uma estrutura fundiária perversa que reina em nosso país há algumas centenas de anos, como vimos no início do livro, mas que passo a passo precisa ir mudando.

Compete aos órgãos públicos em geral, principalmente às Prefeituras, bem como aos Ofícios de Registro de Imóveis, aos Tribunais de Justiça dos Estados e a toda a estrutura administrativa competente, um esforço vigoroso para fazer cumprir a letra da lei, pois o cidadão precisa desse amparo, ele é a parte mais vulnerável em toda a cadeia, e a Constituição defere a ele o direito desse amparo para se alcançar o sonho da casa própria.

LIVRO II
Prática

SUMÁRIO

CONSIDERAÇÕES INICIAIS

O processo de Regularização Fundiária para qualquer núcleo, começa pela abertura de um Processo Administrativo de REURB na Prefeitura. Ele pode ter sido provocado por ato do Poder Executivo, do Legislativo ou ainda a pedido dos moradores do local. O artigo 14 da Lei nº 13.465/2017 traz o rol de pessoas legitimadas a propor a REURB:

> Art. 14. Poderão requerer a REURB:
>
> I – a União, os Estados, o Distrito Federal e os Municípios, diretamente ou por meio de entidades da administração pública indireta;
>
> II – os seus beneficiários, individual ou coletivamente, diretamente ou por meio de cooperativas habitacionais, associações de moradores, fundações, organizações sociais, organizações da sociedade civil de interesse público ou outras associações civis que tenham por finalidade atividades nas áreas de desenvolvimento urbano ou regularização fundiária urbana;
>
> III – os proprietários de imóveis ou de terrenos, loteadores ou incorporadores;
>
> IV – a Defensoria Pública, em nome dos beneficiários hipossuficientes; e
>
> V – o Ministério Público.
>
> § 1º Os legitimados poderão promover todos os atos necessários à regularização fundiária, inclusive requerer os atos de registro.
>
> § 2º Nos casos de parcelamento do solo, de conjunto habitacional ou de condomínio informal, empreendidos por particular, a conclusão da REURB confere direito de regresso àqueles que suportarem os seus custos e obrigações contra os responsáveis pela implantação dos núcleos urbanos informais.
>
> § 3º O requerimento de instauração da REURB por proprietários de terreno, loteadores e incorporadores que tenham dado causa à formação de núcleos urbanos informais, ou os seus sucessores, não os eximirá de responsabilidades administrativa, civil ou criminal.

Aberto o processo administrativo, deve-se dar publicidade e notificar todas as partes interessadas no processo. Após esse passo inicial, é necessário fazer o projeto de regularização. Os artigos 35 e seguintes trazem os conteúdos que esse projeto precisa ter. Ele deve ser o mais completo possível, mas o nível de exigência técnica vai depender do grau de dificuldade do núcleo a ser regularizado. O final desse projeto e da tramitação administrativa é a expedição da Certidão de Regularização Fundiária (CRF). Como diz o artigo 41, ela é "o ato administrativo de aprovação da regularização". Nesse mesmo artigo estão os conteúdos que devem estar presentes na CRF.

Já dissemos que essa CRF não tem um modelo pré-determinado, cada ente público pode dar a forma que lhe for conveniente. O conteúdo, todavia, esse sim, é preciso estar presente, seja da forma como for. Outro aspecto que ressaltamos novamente se refere ao inciso VI desse artigo 41: a listagem dos ocupantes. Esse assunto é adequado que seja tratado antes com o Registro de Imóveis. Isso porque de um Ofício para outro há pequenas diferenças no trato dessa questão. Para alguns podem bastar a relação com a qualificação completa, para outros haverá a necessidade de se juntar todos os documentos à listagem, embora a lei seja clara em afirmar que apenas a listagem com a qualificação dos beneficiários é o suficiente. É aconselhável tratar disso com o Cartório antes de dar prosseguimento à regularização, para que ela não tenha que ser interrompida lá na frente a fim de se coletar documentos faltantes.

É essa CRF que será levada a registro no Cartório, juntamente com o projeto de regularização, que é sua parte integrante. O Oficial, recebendo esse material, vai prenotar e instaurar o procedimento de registro. No prazo de quinze dias ele deverá ou emitir nota devolutiva com as exigências complementares, ou tomar as providências para o registro se estiver tudo certo.

Para que a tramitação no Registro de Imóveis se dê da melhor forma possível e sem muitos atropelos, o ideal é que todo o trabalho anteriormente feito seja o mais detalhado possível. O Cartório se obriga a atender ao Princípio da Especialidade, como já dissemos. Isso exige do Oficial um rigoroso exame sobre a descrição do imóvel, sua localização, dimensões, confrontantes etc. Ou seja, deve ser de tal forma descrito o imóvel que não seja possível imaginar-se ser um outro imóvel que não aquele. Não podem existir dois imóveis com descrição semelhante.

Então, o começo ideal de tudo isso é que o levantamento planialtimétrico cadastral seja muito bem detalhado, bem feito, bem desenhado, com todas as amarrações geométricas possíveis. Vale um comentário extraído de minha experiência: já vi muita empresa de levantamento topográfico propor seus serviços com valores muito abaixo do mercado. E isso acaba atraindo os gestores municipais, já que as finanças públicas estão sempre apertadas. A empresa é contratada, faz o serviço, mas o faz de forma deficitária. Ela fará o trabalho na área inteira, é claro, fará os desenhos, as descrições, e apresentará um resultado final que parecerá a contento. Emite a nota fiscal, recebe o pagamento, tem a quitação da entrega do serviço e vai embora da cidade. Pois bem, só que lá na frente, quando esse material for apresentado ao Oficial de Registro de Imóveis, pronto, as ausências de detalhes farão toda a diferença e poderão inviabilizar a regularização. Justamente porque o Oficial não conseguirá atender ao Princípio da Especialidade Registral, ao qual ele está obrigado. Ele se verá na obrigação de emitir nota de devolução exigindo a complementação dos dados, e provavelmente será criticado por isso... mas é o dever dele. O gestor da regularização é que deve se ater ao nível de exigência que será necessária para a tramitação regular do procedimento e não se deixar levar por custos baixos, mas com trabalhos deficitários de levantamento planialtimétrico cadastral.

Bem, passadas essas considerações iniciais, vamos às etapas para uma boa e eficaz REURB.

PARTE I – FÍSICO – Lepac/Leplac (desenhos, acidentes, áreas *non aedificandi*, minas, cursos d'água, redes, acessos principais, áreas verdes, preservação, Projeto de Regularização Fundiária – art. 35)

Levantamento Planaltimétrico Cadastral (Lepac/Leplac)

O trabalho de regularização fundiária, além de difícil e complexo, exige muito empenho nas atividades iniciais. Eu quase disse atividades preliminares, mas essa a que me refiro já é parte do trabalho, não é preliminar, e parte de fundamental importância para o bom resultado da REURB.

Esse serviço é o famoso Lepac ou Leplac, o Levantamento Planialtimétrico Cadastral. Ele é fundamental, indispensável, importantíssimo, essencial! Mas devem-se ter em conta duas questões: que ele seja feito por gente competente e experiente com esse tipo de ocupação, e no prazo mais próximo possível à realização da regularização.

Experiência nesse tipo de ocupação é muito importante, pois, dependendo do tipo da ocupação, pode haver muitas casas grudadas, vielas estreitas, escadarias de terra, acessos difíceis e pouca delimitação entre as divisas dos lotes. Por isso é importante a experiência in loco. Também não resolve um levantamento feito apenas com o uso de drones. Essa tecnologia ajuda muito, mas não basta.

Outra coisa que é muito comum acontecer é a Prefeitura ou outro ente público contratar esse serviço, ele ser feito e entregue, mas o trabalho efetivo de regularização iniciar somente dois ou três anos depois! Daí grande parte do levantamento estará perdido, pois a cidade é dinâmica, as coisas vão mudando rapidamente, as pessoas vão aumentando e melhorando suas casas, o meio ambiente sofre alterações ou naturais ou decorrentes da ação humana. Quando a Equipe Social vai entrar no território, a localização dos espaços já não corresponde exatamente à realidade encontrada. Torna-se necessário, então, a entrada em campo da Equipe Física para conferir o levantamento e atualizar as plantas e os desenhos. Esse trabalho já é um sobretrabalho, que gera aumento de custos e de tempo, o que pode ser evitado se o cronograma for bem planejado e cumprido em data o mais exíguo possível.

Sabe-se que nem sempre isso é possível devido aos processos licitatórios. Muitas vezes ações judiciais propostas no meio do caminho afetam o cronograma, e fazem descasar os serviços. O Lepac acaba sendo feito, mas o trabalho de regularização fundiária não começa logo em seguida, o que causa indesejável descompasso. Esse não é cenário ideal, mas se não houver outro jeito, paciência, designa-se a Equipe física a campo para atualizar o levantamento, produzindo novas plantas. O cenário ideal é que os serviços sejam subsequentes. Feito o Lepac a Equipe Social deve entrar logo em seguida, fazendo a selagem, tratada mais adiante.

No levantamento deve-se utilizar toda a tecnologia possível. Visualização aérea, serviço de solo, vistorias, medições, análises in loco. A visualização aérea é ótima para definição dos lotes e da gleba, mas muitas vezes aponta distorções e erros, como quando um telhadinho de uma casa parece pertencer ao vizinho. Por isso o trabalho de campo também é necessário, tem que entrar em seguida e checar tudo, conferir o que foi levantado. Após isso parte-se para a elaboração das plantas e desenhos, que serão usados em campo pela Equipe Social e nas atividades complementares de escritório.

O levantamento tem que apontar, além das casas e lotes, as áreas verdes, as institucionais, acidentes geográficos, minas, rios, linhas de drenagem, aclives e declives acentuados, pedras, erosões, depressões, estradas, linhas férreas, faixa de marinha etc. Em havendo alguma ocupação em local inapropriado, deve ser apontado e destacado, pois será objeto de tratamento especial posterior, a fim de que não inviabilize a regularização do conjunto como um todo.

Outro ponto importante que o levantamento identifique é o acesso do lote à rua, viela, escadaria, praça. Como se sabe, não existe lote se ele não tiver acesso por via pública. Se ele for enclausurado, não será tratado com um lote, mas sim como um apêndice de outro lote. Se por acaso não houver um acesso já estabelecido – por exemplo, a casa do filho é no fundo do lote e o acesso se dá por dentro da casa dos pais, que fica na frente – o levantamento deve tentar identificar se existe ou não a possibilidade da criação de um acesso dessa casa do filho diretamente para a rua, e indicar isso na planta. O arquiteto que cuidará do projeto de regularização deverá então propor a criação desse acesso, ou esse lote não poderá ser viabilizado como tal. Terá que fazer parte do terreno do pai, ou no máximo compor um condomínio urbano simples.

Outro aspecto que não se pode esquecer é de que o levantamento deva estar georreferenciado. O sistema utilizado para mapeamento utiliza o georreferenciamento. Os Registros de Imóveis o estão utilizando também. Então, se a Prefeitura que está fazendo o serviço de regularização fundiária de um núcleo ainda não utilizar o georreferenciamento, mesmo assim na contratação do levantamento planialtimétrico cadastral isso já deve constar do escopo do trabalho a ser feito. É uma exigência da lei para se fazer a REURB.

Para fins de regularização fundiária, o levantamento abarcará apenas o lote, o terreno da casa, não a construção, pois é isso que será levado a registro no Ofício de Imóveis. No entanto, posteriormente ao registro do imóvel, o ideal é que a Prefeitura proceda à regularização da casa propriamente dita, da parte construída. Isso terá efeitos importantes para o Setor de Cadastro Imobiliário e, consequentemente, à possível atribuição de IPTU, tanto sobre o terreno, quanto sobre a casa. E a Lei nº 13 prevê que essa posterior averbação da construção também seja gratuita para a REURB S.

Por esse motivo, ao se fazer o levantamento, já se faz a demarcação da edificação dentro do lote, com as medidas externas, área de ocupação de terreno e recuos, tanto das divisas como para outras eventuais construções que existam no mesmo terreno. E ainda a indicação do número de pavimentos daquela edificação, para facilitar o posterior trabalho de cadastramento físico da construção pela Prefeitura. Esse trabalho também ajudará muito para se fazer, posteriormente, a averbação da construção no registro do imóvel, na matrícula que foi aberta.

Outra questão relevante envolve os aspectos ambientais. Como a legislação ambiental brasileira é complexa, deve-se apontar todas as características geomorfológicas da área. Nascentes, nascentes secas, riachos, fios d´água, rios, lagoas, encostas acentuadas, aterros, cortes de terreno, deslizamentos, rochas, antigos portos de areia e pedreiras, brejos, açudes, áreas inundáveis e as áreas da Marinha, devem ser apontados no levantamento. E, obviamente, em havendo áreas de preservação ambiental, têm que ser indicadas e delimitadas. A Lei nº 13.465/2017 trata de forma diferenciada as áreas de preservação. Cada caso deve ser estudado e enquadrado em conformidade com as regras e restrições específicas para a área em análise.

Terrenos da Marinha: os famosos terrenos da marinha são áreas litorâneas que estão em frente ao mar ou que beiram córregos e rios que sofrem influência da maré, mesmo que distantes dela.

Os terrenos da marinha pertencem à União, por definição Constitucional. Seu objetivo é proteger o país contra-ataques inimigos vindos pelo mar. Atualmente, nem se justifica mais esse conceito, já que para um ataque externo não é necessário enviar navios à costa brasileira. Mísseis de longo alcance fazem o serviço. Mas essa legislação permanece, criando dificuldades onde elas não deveriam mais existir.

É terreno da marinha todo aquele que se situar a 33 metros de distância da linha preamar média constatada no ano de 1831. É exatamente isso, por mais absurdo que seja. Como essa linha média da preamar é variável e, como nos últimos quase duzentos anos dessa referência a "altura" da maré vem mudando em decorrência do aquecimento global, não é possível mais estabelecer com nenhuma precisão essa distância de 33 metros do limite do mar até o terreno em comento. A solução que muitas Prefeituras adotaram foi estabelecer em seus regulamentos urbanísticos (Lei de Uso e Ocupação do Solo, Plano Diretor, Código de Edificações e de Posturas), uma faixa acompanhando a costa, com aproximadamente os 33 metros de largura, dentro da qual todos os terrenos que nela estiverem são definidos como terrenos da marinha.

A partir daí o que se tem feito é, a depender da região, uma articulação entre o Estado e a Prefeitura com a União, por intermédio da Secretaria de Patrimônio da União (SPU), de forma a adotar parâmetros e formas de solucionar amigavelmente os casos em que se estiver regularizando núcleos habitacionais que estejam dentro, ainda que parcialmente, dessas faixas pertencentes à União. No Estado de São Paulo, por exemplo, a SPU tem feito acordos nas regularizações que envolvem empreendimentos da CDHU, por meio de doação da área da União para a Prefeitura e, essa, por sua vez, doa o terreno para a CDHU, unificando a propriedade do terreno com as unidades habitacionais já edificadas, possibilitando a regularização.

No que se refere a impostos, sobre esses terrenos da marinha recai o laudêmio, imposto pago à União quando ocorre a transferência da posse para outra pessoa, e se essa transferência for onerosa. O laudêmio será de 5% sobre o valor atualizado do imóvel. Isso nada tem a ver com o IPTU, tributo municipal que recai inclusive sobre os imóveis construídos em terrenos da marinha. Havendo a transferência do imóvel para a Prefeitura, naturalmente o laudêmio deixa de existir.

PARTE II – SOCIAL – mobilização dos moradores, informações do que será feito, a forma, o cronograma, o objetivo, a meta, os benefícios aos moradores; depois, selagem (junto com o Físico e articulado à planta/lepac), ficha cadastral preliminar, coleta de documentos, ocupação em cada lote (se uma ou mais famílias), como se dá a divisão na prática, o que querem os moradores quanto à divisão

Bem, aqui entramos no capítulo mais importante para que uma regularização fundiária seja levada a bom termo e chegue ao seu objetivo final. Como se sabe muito bem, e os funcionários das Prefeituras sabem melhor ainda, não se consegue atingir um objetivo complexo como é o da regularização fundiária - que envolve patrimônio, valores, impostos, propriedade - sem que as pessoas comprem a ideia. Não adianta querer forçar uma situação se os futuros beneficiários não aderirem à causa. Além de eles serem o principal objetivo da regularização, terão que mostrar os documentos, explicar a situação, demonstrar a realidade e assinar declarações. Ou seja, ou as pessoas estarão envolvidas nesse projeto, ou não haverá regularização.

Assim, o trabalho mais importante é o trabalho feito pela Equipe Social. Se a Prefeitura não dispuser de uma equipe Social, e muitas Prefeituras não têm uma profissional com essa formação superior dedicada à área da habitação, ou por falta de condições financeiras ou de previsão legal no quadro funcional, ela deverá fazer esforços para ter uma profissional dessa área. De qualquer forma, é fundamental que haja uma profissional Assistente Social para implementar o trabalho social a ser feito. Uma saída para resolver essa lacuna é ou a contratação de uma profissional em cargo em comissão, contratação temporária, ou que esse serviço seja incluído no edital de licitação a ser feito para os trabalhos de regularização, por exemplo no contrato de levantamento planialtimétrico cadastral. Obviamente que, se se optar por esse caminho, o escopo a ser licitado deixa de ser somente o de levantamento planialtimétrico, e passa a incluir também o trabalho social a ser implementado dentro do escopo de cadastramento. Isso tudo claramente descrito e precificado no edital licitatório, para evitar vícios e nulidades.

Plano de ação

Voltando ao trabalho social. Ele contém várias etapas. A primeira, evidentemente, é a de planejamento. Nessa fase deverão se reunir as equipes social, física e jurídica para detalhar todas as tarefas a serem feitas, por quem serão feitas, em qual prazo, e quais as interseções profissionais. Monta-se o cronograma dos trabalhos. Quanto mais detalhado, melhor. E é aconselhável que sempre se dê uma margem para eventuais problemas que podem ser encontrados quando da entrada em campo, e eles ocorrem irremediavelmente.

Feito esse planejamento detalhado, parte-se para a primeira fase de campo: a mobilização da população. O tempo e o investimento a ser feito para essa tarefa dependerão muito do tamanho do núcleo, da sua característica, do tempo de existência, se há ou não lideranças locais e, em as havendo, se são positivas ou negativas para o trabalho de regularização, se haverá interferência política, se não haverá dificuldades impostas por facções e milícias.

Mobilização

Normalmente, a mobilização se inicia com a distribuição de comunicado escrito dirigido aos moradores do núcleo (ver modelo). Pode ser em formato de panfleto, circular, jornal, carro de som, enfim, da forma como a Prefeitura está acostumada a fazer esse tipo de divulgação. O ideal é que antes mesmo dessa tarefa possa se fazer uma reunião com as lideranças locais. Se elas foram lideranças positivas, podem começar a ajudar desde esse momento, situação ideal. Se elas forem negativas, deve-se ao menos tentar deixá-las informadas para que não comecem a espalhar informações falsas que gerem algum receio nas pessoas. Uma dessas "informações" caluniosas mais comum é espalhar entre as pessoas a "notícia" de que a Prefeitura só está fazendo isso para começar a cobrar IPTU. Pode ser que esse tributo venha mesmo a ser lançado no futuro próximo. Mas esse não é o objetivo da regularização fundiária, e é muito importante que isso fique bem claro para a população. Por esse motivo é que o trabalho de mobilização e informação seja bem feito, e antes de ter início a coleta de documentos.

O mote mais importante que temos acompanhado e que de fato envolve as pessoas, é o fato de que com esse projeto, a família terá o "papel" da sua casa, a matrícula no Registro de Imóveis em nome dos responsáveis da família. Explicar a importância e os efeitos disso para todos é que pode envolver as pessoas. Com a matrícula, o imóvel será valorizado, poderá servir para ajudar na obtenção de crédito bancário, ajudará muito na hora de vender a casa se um dia isso for necessário, pois poderá contar com financiamento, além de ser um patrimônio que será transmitido para os filhos e netos, dando segurança de que a família não correrá mais a ameaça de ser desalojada a qualquer momento.

Se as lideranças forem ajudar, pode-se definir com elas os dias e a forma de fazer a primeira divulgação, a distribuição do panfleto ou o carro de som. Nesse panfleto deve-se tomar cuidado para não entulhar de informações, pois isso dificulta a leitura e a compreensão. O importante é informar que o núcleo será contemplado com a regularização fundiária, que será um enorme benefício para todos, e que a Prefeitura vai passar para conversar com cada um dos moradores. E informar que os profissionais que trabalhão na área estarão devidamente identificados com crachá.

Feita a panfletagem, começará o trabalho social efetivamente. Serão feitas visitas domiciliares, com explicação e orientação sobre o objetivo e o resultado da regularização, esclarecimento de dúvidas e marcação de novas datas para recolhimento da documentação. Se por ventura, a pessoa já estiver munida dos documentos e disposta a já os fornecer, tanto melhor, já se ganha tempo. Do contrário, nova visita será feita.

Nessa nova visita, além da entrega dos documentos para serem fotografados, tudo deverá ser bem explicado, especialmente a questão da propriedade jurídica do imóvel, a sucessão, como ficam as situações familiares de casais separados, nova união, divórcio, união estável, separação de fato, marido que sumiu, filhos comuns ou não, enfim, todos os casos individuais devem ser muito bem esclarecidos, a fim de evitar problemas de desinformação posteriores e dúvidas, para que as pessoas não tenham receio de que fatos sem relação alguma com a regularização de sua casa possam interferir negativamente no processo.

Nesse aspecto é bom que a equipe esteja ciente das orientações do Oficial do Cartório sobre os requisitos que ele exigirá para efetivar o registro da regularização. Embora haja uma diretriz unitária aos Cartórios, depende muito do entendimento e da forma como cada Oficial vê as exigências. E nossa experiência mostra que o melhor caminho é acertar com ele os procedimentos, e não ficar questionando ou criando rusgas, pois isso em nada ajudará. Temos que entender que cada pessoa tem um perfil, uma forma de organização, as precauções e cautelas que adota.

Os Cartórios são fiscalizados por um ente superior – a Corregedoria de Justiça –, que é o Poder Judiciário do Estado. Em cada Comarca é nomeado um juiz como Corregedor dos Cartórios, e ele desempenhará o papel fiscalizador do Cartório. Se o Cartório cometer falhas seguidas, o Corregedor poderá fazer uma intervenção e o Oficial perderá seu Cartório, podendo vir a responder civil e criminalmente pelos deslizes cometidos, a depender da situação. Então, devemos ter a compreensão de que o nível de exigência posta pelo Oficial está relacionado com as precauções que ele entende necessárias para fazer adequadamente o seu trabalho, que é de alta responsabilidade e gera consequências jurídicas e patrimoniais definitivas para as pessoas. O objetivo final é fornecer a matrícula do imóvel a cada um dos beneficiários, e o Oficial de Imóvel é quem expedirá esse documento. Então, ele é parceiro nesse trabalho, e deve assim ser tratado e integrado no espírito de equipe que fará o bem para as pessoas e para a cidade.

Ainda sobre essa fase, outra coisa que acontece é a Prefeitura aproveitar que está sendo feito cadastro social naquela área e querer torná-lo mais completo. Para a regularização pela Lei nº 13.465/2017 bastam os dados dos responsáveis. Mas quando a Prefeitura pretende aproveitar o momento e ampliar o cadastro, daí serão pedidos os dados de toda a família e moradores daquela casa, incluindo o nome das escolas onde estudam, posto de saúde onde tem cadastro, e outros dados que sejam relevantes para a Prefeitura programar suas políticas públicas. Isso pode ocorrer? Claro que sim, e não tem problema, desde que a Equipe social esteja ciente de quais são os documentos necessários para a REURB, de forma a que se uma família não quiser fornecer os demais dados, que sejam coletados os necessários para a REURB ser tocada adiante.

Selagem

O segundo passo a ser dado é muito importante para a sequência dos trabalhos e, especialmente, para acelerar a velocidade e reduzir a chance de erros. A selagem é a colocação de um adesivo na frente de cada casa com as informações básicas: número daquela casa como está na planta cadastral; número do lote que consta da planta; e se houver mais de uma casa no mesmo lote, a indicação de qual é aquela na ordenação (casa A, casa B ...). Isso parece pouco, mas é essencial. A Equipe Social fará as visitas nas casas, e os técnicos estarão com as fichas cadastrais que serão preenchidas em cada casa, e também com uma planta básica para orientação. Via de regra, especialmente em núcleos com a divisão de lotes muito irregulares e adensados, ocorre de os técnicos terem dificuldades de fazer a localização exata da casa a ser visitada. Tendo o selo na frente da casa, essa dúvida se esvai na hora, evitando erros e atrasos para a identificação.

Por isso mesmo que a selagem deve ser feita por dois profissionais juntos, um da equipe física e outro da equipe social. Ambos vão passando de casa em casa, com o Lepac em mãos, identificando as casas na planta e colando o selo na frente da casa (ver modelo).

Ficha Cadastral

A Ficha Cadastral (ver modelo) deverá conter todos os dados dos chamados titulares do imóvel, os responsáveis, seja qual for a configuração de família que a moradia possa apresentar. Seu formato pouco importa, os dados é que têm relevância. Deve começar com os dados do imóvel, iguais aos da selagem. O primeiro campo pode ser: "selo número x". Com isso já dá a necessária correspondência entre o físico e o social.

A Lei nº 13.465/2017 traz, em seu "artigo 41, inciso VI – a listagem com nomes dos ocupantes que houverem adquirido a respectiva unidade, por título de legitimação fundiária ou mediante ato único de registro, bem como o estado civil, a profissão, o número de inscrição no cadastro das pessoas físicas do Ministério da Fazenda e do registro geral da cédula de identidade e a filiação". Ou seja, dados sobre a compra da casa, o estado civil, profissão (ainda que no momento esteja desempregado), e o CPF e RG de ambos, com os nomes dos pais. Esses são os dados necessários na Ficha Cadastral para a regularização fundiária.

Sobre a situação física do terreno, também tem que ter sua descrição. Se naquele lote tem apenas uma casa ou várias, como é a relação jurídica dessas casas com os titulares do lote, como eles pretendem que fique a situação. Por exemplo, na casa principal moram os pais, e nos fundos o filho que se casou e construiu uma casinha no mesmo lote. Ou seja, são duas casas no mesmo lote. É preciso saber se a ideia deles é que a situação continue inalterada, com as duas casas pertencendo ao mesmo lote e aos mesmos titulares, ou se haverá o reconhecimento dessa segunda casa que deverá passar a pertencer ao filho.

Isso tudo depende da possibilidade física de haver ou não a divisão do lote. A lei brasileira não permite a existência de um lote que não tenha acesso a uma via pública, seja ela de que tipo for (rua, praça, viela, escadaria, travessa etc.). Se um lote não tiver acesso a qualquer uma dessas vias públicas (logradouros públicos), ele não será reconhecido como um lote.

Havendo essa possiblidade física, então o desejo da família deverá ser consultado, pois isso poderá gerar a abertura de uma segunda ficha cadastral para aquele mesmo lote original. E essa divisão terá que ir para a planta, sendo criado um novo lote com a subdivisão daquele anterior e, portanto, a renumeração da sequência a partir desse novo lote.

Outra possibilidade é a ocorrência de duas ou mais casas dentro do mesmo lote, mas com titulares já firmados para cada uma das casas, sem que haja interesse ou possiblidade física de subdivisão do lote. Nesse caso poderá ocorrer a figura jurídica do "condomínio urbano simples". Já vimos isso no Livro I, mas reiterando. É como ocorre num prédio de apartamentos. Num edifício os donos dos apartamentos são donos da sua unidade habitacional (o apartamento propriamente dito) e mais uma parcela – fração – das áreas comuns, que são os corredores, as escadarias, o jardim, o hall de entrada a portaria, playground etc. No Direito, uma coisa que pertence a duas pessoas ou mais (como é esse caso das áreas comuns dos edifícios) é chamada de copropriedade, e os donos são os coproprietários.

Propriedade no âmbito jurídico é também conhecida como Domínio, quem tem a propriedade de uma coisa tem o domínio sobre ela. Assim, quando a propriedade, ou o domínio, de uma coisa é exercido por duas ou mais pessoas, tem-se aí o "con-domínio", ou seja, o domínio comum de duas ou mais pessoas.

Então, no nosso caso, de se ter num mesmo lote duas ou mais casas e não houver possibilidade física de divisão (por exemplo, se não houver como as subdivisões dos lotes terem acesso a nenhum logradouro público), ou não houver interesse das pessoas, aí então poderá ser formado o condomínio urbano simples. O resultado disso é que todas aquelas pessoas serão proprietárias conjuntamente de todo aquele lote com as casas. Cada um terá uma parte, ou fração, daquele todo.

Na Ficha Cadastral deverá ainda haver as informações sobre os requisitos legais para a pessoa ser beneficiária da regularização fundiária da Lei nº 13.465/2017. Os requisitos da lei são: não ser proprietário de outro imóvel (claro, pois essa lei tem um cunho essencialmente social), não ter sido atendido anteriormente por outro programa semelhante, não ter sido contemplado com a concessão de uso de bem público e que o imóvel é utilizado para moradia da família. Esses são os requisitos básicos, e isso deve constar da Ficha Cadastral. Ao final da Ficha, a pessoa entrevistada vai assinar, como uma Declaração de que aquelas informações são verdadeiras.

Sobre esse último requisito – uso para moradia – faço uma ressalva. É muito comum que a pessoa use a casa para sua moradia e de sua família e, ao mesmo tempo, tenha um pequeno negócio na casa, como um salão de cabeleireiro, botequim, armazém, oficina de costura, oficina mecânica, borracharia e outros que tais. Nessa situação a pessoa deve continuar a ser beneficiária da lei, pois ela tira a sobrevivência familiar daquele imóvel, não se tratando de exploração comercial de um pequeno bem a que lhe será reconhecida a propriedade. Esse tipo de uso deverá ser identificado pela equipe social no momento da entrevista e relatado na ficha, o famoso uso misto, que é permitido pela lei.

Em praticamente todos os núcleos a serem regularizados há imóveis sendo utilizados para a prática religiosa. Nesses casos, a Equipe Social identifica o uso do lote como religioso e busca pelo titular do lote, que pode ser um particular que destinou sua construção a uma igreja e afins, ou de uma pessoa jurídica, constituída com CNPJ. Em qualquer situação, recolhe-se a documentação pertinente. Se for PJ será o CNPJ, Estatuto, Ata de Eleição e documento pessoal do responsável pelo fornecimento das informações.

Os documentos nortearão quem está promovendo a regularização para analisar qual o melhor instrumento jurídico a ser aplicado para o caso.

Nas conversas preliminares feitas com o Cartório, deverá ter sido estabelecido o procedimento a ser feito com as Fichas Cadastrais: elas podem ficar na Prefeitura, juntamente com as cópias físicas e/ou digitais dos documentos dos titulares e serem enviadas ao Cartório apenas as informações, os dados condensados em planilha digital assinada e validada pelo proponente da regularização, ou o Cartório pode preferir ter todas as fichas em papel também. Isso depende da forma como o Cartório trabalha, não há regra pré-estabelecida.

Concluídas as visitas e feitas todas as fichas cadastrais, a equipe social fará a checagem geral, avaliar se os dados colocados nas fichas conferem com os documentos obtidos, se não há incoerências, se a totalidade de fichas confere com o número de casas levantadas no Lepac e se estão todas devidamente assinadas e correspondem aos desenhos feitos. Acaba assim o trabalho de ficha cadastral e visitas com essa finalidade.

PARTE III – JURÍDICO – situação jurídica da gleba (origem, registros, cadeia sucessória, parcelamentos e desmembramentos, problemas e pendências, situação tributária, bloqueios), escolha do instrumento legal a ser utilizado e explicação aos moradores, articulação prévia com o Oficial de Registro de Imóveis e acerto da forma como ele quer que seja feito, elaboração junto com o Social da listagem completa dos beneficiários

Cumpridas as etapas anteriores, parte-se para a etapa preparatória para o envio do material ao Cartório de Imóveis, a quem caberá o registro imobiliário do núcleo e a consequente abertura de matrículas individualizadas para cada uma das casas.

Situação jurídica da gleba

Para tanto o Cartório precisará saber da história daquela área, o que chamamos de "cadeia sucessória". O que é isso e para que serve? Imagine a seguinte situação: anos atrás uma empresa qualquer tinha por hábito investir parte de seus ganhos em terrenos, dentro daquela velha máxima de que o melhor investimento é em imóveis, pois não acabam nunca. Pois bem, a empresa comprava terras e as deixava paradas, esperando sua valorização espontânea ou apenas deixando como ativo imobilizado. Um dia essa empresa vai à falência. Os credores vão atrás do patrimônio dela para que os bens sejam leiloados e transformados em dinheiro, e com isso esses credores poderem receber o que a empresa falida os devia. Esse processo sendo escrito assim parece simples e rápido, mas na prática a coisa é bem diferente. Essa massa falida, termo jurídico que se dá à empresa que faliu, muitas vezes tem patrimônio constituído por dezenas ou centenas de bens, e suas dívidas envolvem centenas de credores. Todos lutam para receber sua parte, ou salvar pelo menos um mínimo. A massa falida se defende com todas as forças, a fim de tentar salvar algo também. E assim as discussões nos tribunais levam anos, décadas.

Esse é um dos motivos pelos quais se torna imprescindível o conhecimento da história da gleba, sua cadeia sucessória. Mesmo sem chegar numa situação complexa como a citada acima, é preciso saber com certeza quem é o dono atual da gleba. Isso porque ele será chamado a se manifestar no processo de regularização, podendo se opor a ele.

Esse chamamento é indispensável, tão importante que a sua não realização pode gerar a anulação total de todos os atos praticados visando a regularização. E se a área não for de um particular, mas for pública, também tem que haver a certificação disso. E em ambos os casos os confrontantes, ou seja, os vizinhos da gleba, deverão ser informados para que se manifestem se tiverem algum interesse ou oposição ao processo de regularização. Os chamamentos são feitos por meio de citação, feita pela Prefeitura. (ver modelo)

Essa necessidade ocorre porque é muito comum, especialmente em cidades de médio e pequeno porte, acontecer de a gleba onde está o núcleo a ser regularizado ser parte de uma gleba maior, uma antiga fazenda, por exemplo. No passado havia uma grande extensão de terra que, com o passar dos anos, foi sendo desmembrada sem que fossem feitos os procedimentos corretos para isso. É comum que o antigo proprietário dessa grande área tenha falecido e seus herdeiros começaram a dividir as terras, vendendo pedaços, sem, contudo, regularizar esses desmembramentos. Nesses pedaços foram sendo feitos pequenos loteamentos, novos bairros surgiram, equipamentos públicos instalados para atender essa nova população, como escolas, postos de saúde, órgãos públicos, mas nada disso de forma regular.

E nessa evolução da cidade, num dos pedaços daquela área extensa, se instalou um núcleo de moradias populares. Agora, com a possibilidade de ser regularizado, faz-se necessário notificar toda a vizinhança para se certificar que nenhum deles é dono dessa área onde está o núcleo. Então, essa medida é necessária, todos devem ser regularmente citados para terem a oportunidade de manifestarem seu eventual interesse na área. A Lei nº 13.465/2017 estabelece claramente que o silêncio significa aceitação. Isso é muito importante. Anteriormente, com o usucapião, por exemplo, a pessoa citada que não se manifestasse impedia o prosseguimento da ação. Agora, é o contrário. Se ela não se manifestar, o processo de regularização continua tendo em vista a finalidade social. A pessoa foi notificada e não respondeu, haverá a chamada aceitação tácita pela regularização da área.

Princípio da continuidade

O Registro de Imóveis tem que atender, dentre inúmeras outras coisas, ao que se conhece no linguajar jurídico como Princípio da Continuidade. O que vem a ser isso? Em linhas gerais superficiais, é a sequência que tem que existir dos proprietários de uma determinada área. Um após o outro, de venda em venda (ou melhor, de transmissão em transmissão), na matrícula de qualquer imóvel tem que estar registrado o que aconteceu com aquele imóvel ao longo dos anos. Todas as transmissões devem estar registradas no Livro atinente a isso. Então, deve constar que na data tal, o proprietário fulano de tal vendeu para o sicrano, por tantos reais, aquele imóvel, com a descrição da forma de pagamento, a qualificação das partes e todos os detalhes dessa transmissão. Da mesma forma tem que estar registrada se houve divisão do quinhão por conta de herança, de separação, de falecimento, ou se houve divisão de uma parte do imóvel, ou acréscimo com o remembramento de outra área, enfim, a "lista" dos proprietários desse imóvel tem que estar sempre atualizada, e ter uma sequência. Não pode ter "pulos". João vendeu pra José, que vendeu pra Maria, que doou para Isabel etc. Não pode estar escrito que João transmitiu para Isabel.

Por isso é importante que todos os vizinhos sejam citados, para evitar que haja eventual interrupção no Princípio da Continuidade registral. E olhe, antes de criticar a rigidez do Cartório, a burocracia, é importante lembrar que o Cartório segue regras e leis, ele não pode fazer o que quiser, sob pena de responder civil e criminalmente, pois está em jogo o patrimônio das pessoas.

Na regularização feita com base na Lei nº 13.465/2017, o Cartório abrirá uma nova matrícula de cada um dos terrenos objetos da regularização. Aí então alguém pode indagar: ué, se é assim, então não tem nada a ver o tal Princípio da Continuidade registral? Tem sim, e isso só será sanado com a possiblidade de os confrontantes se manifestarem. Se algum deles se disser dono da área a ser regularizada, isso deverá estar registrado no cartório. Ou ele não será dono de acordo com as normas do Código Civil. E se ele comprovar ser dono, para tentar impedir a regularização, terá que provar que os requisitos da Lei nº 13.465/2017 não estão sendo atendidos. Por exemplo, que a ocupação não se destina a moradia, ou que ela está instalada ali após a data estipulada na lei (22 de dezembro de 2016). Isso tudo deverá checado pela Prefeitura e pelo Oficial de Registro de Imóveis, e então será dado o devido destino ao processo de regularização.

Enfim, esses comentários podem ser vistos como detalhistas demais, mas são importantes para evitar futuras alegações e ações judiciais visando a decretação de nulidade dos atos de regularização. Isso seria catastrófico, pois abortaria a realização de um sonho para todas aquelas famílias, além de representar incomensurável prejuízo pelo retrocesso legal que imporia. Então, todo cuidado nesse aspecto é vital para a segurança jurídica do processo e a efetividade do intuito social.

Opção jurídica escolhida

A Lei nº 13.465/2017 traz, entre outras, três possibilidades jurídicas para a regularização, como já foi visto na Parte I: demarcação urbanística, legitimação de posse e legitimação fundiária.

Demarcação urbanística

Como já dissemos, a demarcação urbanística é um instrumento adequado para as situações em que haja indefinição na descrição da gleba, sobreposição de áreas ou, ainda, impossibilidade na identificação dos proprietários. É instrumento útil, mas não leva ao principal objetivo da lei, que é conferir a propriedade do terreno a quem nele mora como dono. Pode ser um procedimento preliminar.

Legitimação de posse

Legitimação de posse reconhece ao morador que ele tem a posse do imóvel. Reitere-se que não dá a ele o título de propriedade, mas tão somente reconhece que ele tem a posse daquele imóvel. Embora a posse seja um título precário em relação ao objetivo principal da regularização fundiária, a Lei nº 13.465/2017 prevê a sua conversão automática após cinco anos. A ressalva é a já feita na Parte I, de que essa ideia de evolução "automática" de posse para a propriedade não se dará dessa forma, até porque o Cartório, via de regra, precisa de provocação para agir, ainda mais num assunto de relevância como esse. É o chamado Princípio da Rogação ao qual o Oficial de Registro de Imóveis está submetido, como já visto.

De qualquer forma, pode ser um passo significativo para se alcançar o objetivo principal da lei. Lembre-se que esse instituto não pode ser aplicado sobre áreas públicas, somente áreas privadas, conforme artigo 25, § 2º: *A legitimação de posse não se aplica aos imóveis urbanos situados em área de titularidade do poder público.*

Legitimação fundiária

Aqui está o principal instituto da Lei nº 13.465/2017. Como visto na Parte I, é este instituto que permite alcançar o objetivo precípuo da lei, que é o de conferir ao morador o título de propriedade do imóvel. O Oficial de registro de Imóveis abrirá uma nova matrícula do imóvel, considerando se tratar uma aquisição originária. E dessa matrícula constará que, por força do processo de regularização fundiária transcorrido em conformidade com a Lei nº 13.465/2017 no processo administrativo da Prefeitura sob o número tal, a partir dessa data o imóvel descrito pertente àquela pessoa ali qualificada. Ou seja, é a consagração do objetivo da regularização, aquele morador passa a ser o legítimo dono da área. E daí advirão todos os direitos disso decorrentes, como já comentado anteriormente.

Instrumentais

Para cada um dos institutos acima descritos, será expedido ao final do processo, um determinado instrumental. Para a Demarcação Urbanística, será emitido um Auto de Demarcação Urbanística. Para a Legitimação de Posse, será expedida Declaração de Legitimação de Posse. E para a Legitimação Fundiária, será expedida a CRF-Certidão de Legitimação Fundiária.

A Lei nº 13.465/2017 não indica modelos, até porque, primeiramente, essa não é mesmo função das leis; em segundo lugar, por respeitar o procedimento administrativo de cada ente federativo. As Prefeituras por todo o país têm, cada uma de per si, os seus procedimentos, suas normas administrativas, seus processos internos. Não seria de bom jaez que a Lei Federal trouxesse modelos de instrumentais a serem seguidos. O importante é o conteúdo que esse instrumental terá.

Assim, no artigo 19 da Lei nº 13.465/2017, § 1º, consta o conteúdo necessário que deve acompanhar o Auto de Demarcação Urbanística:

> I – planta e memorial descritivo da área a ser regularizada, nos quais constem suas medidas perimetrais, área total, confrontantes, coordenadas georreferenciadas dos vértices definidores de seus limites, números das matrículas ou transcrições atingidas, indicação dos proprietários

identificados e ocorrência de situações de domínio privado com proprietários não identificados em razão de descrições imprecisas dos registros anteriores;

II – planta de sobreposição do imóvel demarcado com a situação da área constante do registro de imóveis.

O artigo 20 trata da notificação dos titulares de domínio e confrontantes. Note-se que a Lei nº 13.465/2017 permite que a notificação seja feita ou pessoalmente ou por pelo Correio, sempre com a comprovação da entrega, a fim de evitar futuros pedidos de anulação do processo. Se a opção for fazer a notificação pessoalmente, ela poderá ser feita pela Prefeitura ou pelo Registro de Imóveis. A melhor opção é que a Prefeitura faça, já que ela é a promotora da regularização.

No Auto de Demarcação constará, portanto, essas informações e poderá ser concluído com a informação de que os notificados não se opuseram no prazo da lei, que é de 30 dias.

No caso da Legitimação Fundiária a Lei não traz o conteúdo que deverá ter no seu instrumental. Mas isso porque ela faz remição à Certidão de Regularização Fundiária (CRF), que por sua vez já conterá todas as informações necessárias, como dispõe o artigo 41. Como a Legitimação Fundiária se dá a partir da CRF, obviamente que todo o conteúdo necessário já estará naquela Certidão.

Para o caso da Legitimação de Posse, os artigos 25 e 26 trazem o conteúdo necessário:

> Art. 25. A legitimação de posse, instrumento de uso exclusivo para fins de regularização fundiária, constitui ato do poder público destinado a conferir título, por meio do qual fica reconhecida a posse de imóvel objeto da REURB, com a identificação de seus ocupantes, do tempo da ocupação e da natureza da posse, o qual é conversível em direito real de propriedade, na forma desta Lei.
>
> § 1º A legitimação de posse poderá ser transferida por *causa mortis* ou por ato *inter vivos*.

Art. 26. Sem prejuízo dos direitos decorrentes do exercício da posse mansa e pacífica no tempo, aquele em cujo favor for expedido título de legitimação de posse, decorrido o prazo de cinco anos de seu registro, terá a conversão automática dele em título de propriedade, desde que atendidos os termos e as condições do art. 183 da Constituição Federal, independentemente de prévia provocação ou prática de ato registral.

Finalização

Como é expressamente dito na Lei nº 13.465/2017, o objetivo do processo de REURB é alcançar a finalidade social do direito constitucional à moradia. No artigo 10, estão listados os objetivos da REURB, mas o tema central, o cerne de todo essa norma é viabilizar moradia digna à população brasileira. Como dito na Parte I deste livro, "moradia digna" é um conceito amplo, abrangente e profundo, resultante de muitos embates no processo de construção da nossa Carta Constitucional promulgada em 1988.

Dito isso, o processo de REURB terá alcançado sua plenitude no momento em que cada beneficiário receber das mãos do Oficial de Registro de Imóvel a escritura de seu imóvel, com o número da matrícula, a descrição, os seus dados pessoais e o endereço daquilo que passará a ser sua propriedade definitiva. Esse ato consagrará todos os esforços empenhados pelos profissionais que participaram do processo, do ente público, das autoridades e gestores, e da comunidade como um todo. Chegando-se nesse ponto, a Lei terá cumprido com seu papel, e os poderes públicos também.

A seguir, são apresentados alguns modelos de documentos utilizados na REURB. O objetivo de apresentar esses modelos é apenas auxiliar as Prefeituras e os gestores de REURB na formulação e aplicação do processo de regularização. Como reiteradamente foi dito, a lei não exige formato algum, por isso o que se segue são apenas ideias oriundas da experiência prática do autor. Ah, a fim de evitar problemas, adotei o nome de uma cidade imaginária, chamada Segóvia. Sua homônima fica distante, na Espanha.

MODELOS

1. Requerimento de instauração de Processo Administrativo de REURB por pessoa física

EXMO. SR. PREFEITO DO MUNICÍPIO DE SEGÓVIA, ESTADO DE SÃO PAULO.

Fulano de Tal, brasileiro, casado, auxiliar de montagem, portador do RG nº xxx e do CPF nº xxx, domiciliado na Rua xxx, bairro xxx, CEP xxx, nesta cidade, na condição de morador do Núcleo habitacional xxx, com base no artigo 14, inciso II, da Lei nº 13.465 de 11 de julho de 2017, vem requerer a Regularização Fundiária Urbana do Núcleo habitacional xxx, onde reside com sua família.

Coloco-me à disposição para auxiliar no que for preciso, inclusive junto aos demais moradores do Núcleo, e anexo cópia de meus documentos pessoais e comprovante de meu endereço.

Atenciosamente,

Fulano de Tal
Segóvia, xx de xx de 202x.

2. Requerimento de instauração de Processo Administrativo de REURB por Associação de Moradores

EXMO. SR. PREFEITO DO MUNICÍPIO DE SEGÓVIA, ESTADO DE SÃO PAULO.

A Associação de Moradores do Núcleo Habitacional xxx, sediada na Rua xxx, bairro xxx, nesta cidade, CEP xxx, neste ato representada por seu Presidente, Fulano de Tal, brasileiro, divorciado, carpinteiro, portador do RG n° xxx e do CPF n° xxx, domiciliado na Rua xxx, bairro xxx, CEP xxx, nesta cidade, vem requerer, com base no artigo 14, inciso II, da Lei º 13.465, de 11 de julho de 2017, a Regularização Fundiária Urbana do Núcleo habitacional xxx, em nome da Associação dos Moradores.

Colocamo-nos à disposição para auxiliar no que for preciso, inclusive junto aos moradores do Núcleo, e anexamos cópia do Estatuto da nossa entidade, Ata da última eleição de Diretoria, comprovante de endereço da nossa sede e inscrição nos órgãos públicos.

Atenciosamente,

Fulano de Tal – Presidente
Segóvia, xx de xx de 202x.

3. Modelo de Informativo para comunicar a população sobre o cadastro social

INFORMATIVO CADASTRO SOCIAL

A Prefeitura Municipal de Segóvia informa aos senhores moradores, que estará realizando o **CADASTRO SOCIAL** deste imóvel nos dias 00 e 00 de xxx das 09h às 18h. Esse cadastro é parte integrante da Regularização Fundiária.

O **Cadastro** será aplicado em cada domicílio, podendo ser respondido por qualquer morador maior de 18 anos. Neste momento serão fotografados os seguintes documentos:

Documentos dos Moradores/as Responsáveis pelo imóvel:

1. Solteiros/as: Certidão de nascimento / RG / CPF/ CNH;
2. Casados/as: Certidão de casamento / RG / CPF / CNH;
3. Divorciados/as: Averbação do Divórcio / RG / CPF / CNH;
4. Viúvos/as: Certidão de óbito / RG / CPF / CNH.

Documentos do Imóvel (lote/casa):

1. **Proprietários**: Contrato de compra / aquisição do imóvel (contratos de compra e venda, cessão, escrituras e/ou recibos e, contratos antigos, quando houver), IPTU;
2. **Comprovantes de residência**: um mais antigo e um atual.

4. Modelo de Selagem/Selo

Logo do Poder Público		Logo do Programa de Regularização Fundiária
QUADRA	**LOTE**	**DOMICÍLIO**

Logotipo do Poder Público		Logomarca do Programa de Regularização Fundiária
QUADRA	**LOTE**	**DOMICÍLIO**
A	15	A

5. Modelo de Ficha Cadastral

CADASTRO SOCIAL – PREFEITURA DE SEGÓVIA

1. Identificação do Núcleo:

Nome do Núcleo: ________________________________

Endereço: ____________________________________

Entrevistador: _________________________________

Quadra: __________ Lote: __________ Casa: __________
*(igual ao da Selagem)

2. Dados do Cadastro:

1ª visita em: 2ª visita em: 3ª visita em:

Domicílio: fechado _____/lote vago _____/dom. vazio _____/
em construção _____/recusa _____

3. Situação da ocupação:

Nº de edificações no lote:

Ocupação do imóvel: próprio _________/alugado ________/
cedido _______/ocupado _______

Uso do imóvel: residencial ____/comercial ____/misto ____/
serviços____/religioso ____

Tempo de Moradia: ______________________________

Renda Familiar: ________________________________

4. Responsáveis:

1º ocupante responsável:

Nome: _______________________________________

Telefone: _____________________________________

Sexo ____________/ Data de nascimento ____/____/_____/

Cidade de nascimento: ___________________________

Nacionalidade:brasileiro_______/Outra:_______________

RG/RNE: ________________ Órgão expedidor: _________

CPF: ____

Profissão: ____________________________________

Estado civil: casado _____________/Se casado, data do casamento: ___/___/______ na cidade de ____________.
Regime de bens: ____________________

Solteiro _______/Divorciado ______/Desquitado ______/
Separado judicialmente _______/Viúvo _______

União estável com escritura __________/União estável sem escritura ______

Informações e Declarações:

a) é proprietário de outro imóvel? (com nome no Cartório)
b) já foi contemplado com outro imóvel em programas sociais?
c) utiliza o imóvel para moradia?

Há Segundo Ocupante responsável?

2º ocupante responsável:

Nome: ______________________________________

Telefone: ____________________________________

Sexo ___________/Data de nascimento ___/___/_____/
Cidade de nascimento: _________________________

Nacionalidade: brasileiro______/Outra: ______________

RG/RNE: _______________ Órgão expedidor: ________
CPF: ____

Profissão: ____________________________________

Estado civil: casado _____________/Se casado, data do casamento: ___/___/______ na cidade de ____________.
Regime de bens: ____________________

Solteiro _______/Divorciado ______/Desquitado ______/
Separado judicialmente _______/Viúvo _______

União estável com escritura __________/União estável sem escritura ______

Informações e Declarações:

a) é proprietário de outro imóvel? (com nome no Cartório)
b) já foi contemplado com outro imóvel em programas sociais?
c) utiliza o imóvel para moradia?

5. Declarações

Declaro para os fins legais, a veracidade das informações prestadas, estando ciente das responsabilidades emcaso de falsidade. Finalmente, requeiro a expedição do título de posse ou propriedade a que me couber, bem como seu encaminhamento ao Oficial de Registro de Imóveis competente.

Local: ______________________________ Data: ___/___/_____

Assinatura: ____

Documentos recolhidos/fotografados:

Do 1º Responsável: ____________________________________

Do 2º Responsável: ____________________________________

Do imóvel: ____

Observações:

____

____

____

____

____

6. Modelo de Ofício encaminhado ao Poder Judiciário

EXMO. SR. DR. JUIZ DE DIREITO DA COMARCA DE SEGÓVIA

Vimos por este informar V. Exa. que a Prefeitura Municipal de Segóvia, inscrita no CNPJ sob o nº xxx, abriu processo administrativo para Regularização Fundiária do Núcleo xxx, localizado na Rua xxx, bairro xxx, nesta cidade, onde vivem xxx famílias, ocupando área de xxx m², instalado desde o ano de xxxx, preenchendo, portanto, os requisitos da Lei nº 13.465/2017. A Coordenação dos trabalhos será feita pelo Diretor (ou Secretário, ou outro servidor), que ficará à disposição para atender aos munícipes interessados, na sede da Diretoria (ou Secretaria), situada na Rua xxx, no horário comercial.

Serão feitas buscas acerca de eventuais ações judiciais incidentes sobre a área em questão. De qualquer forma, na medida em que não houver impedimentos, a Prefeitura procederá aos atos administrativos e legais visando a Regularização do Núcleo.

Solicitamos, assim, V. imprescindível colaboração para que possamos levar a bom termo o objetivo principal da Lei nº 13.465/2017, que é regulamentar a propriedade aos ocupantes do Núcleo, atendendo ao preceito constitucional de garantir moradia digna à população.

Renovamos nossos protestos de estima e consideração.

Prefeito Municipal
Segóvia, xx de xx de 202x.

7. Modelo de Ofício encaminhado ao Ministério Público

ILMO. DR. REPRESENTANTE DO MINISTÉRIO PÚBLICO DO ESTADO DE SÃO PAULO

Vimos por este informar V. Exa. que a Prefeitura Municipal de Segóvia, inscrita no CNPJ sob o nº xxx, abriu processo administrativo para Regularização Fundiária do Núcleo xxx, localizado na Rua xxx, bairro xxx, nesta cidade, onde vivem xxx famílias, ocupando área de xxx m², instalado desde o ano de xxxx, preenchendo, portanto, os requisitos da Lei nº 13.465/2017. A Coordenação dos trabalhos será feita pelo Diretor (ou Secretário, ou outro servidor), que ficará à disposição para atender aos munícipes interessados, na sede da Diretoria (ou Secretaria), situada na Rua xxx, no horário comercial.

Serão feitas buscas acerca de eventuais ações judiciais incidentes sobre a área em questão, procedimentos do MP, ações civis públicas e que tais. De qualquer forma, na medida em que não houver impedimentos, a Prefeitura procederá aos atos administrativos e legais visando a Regularização do Núcleo.

Solicitamos, assim, V. imprescindível colaboração para que possamos levar a bom termo o objetivo principal da Lei nº 13.465/2017, que é regulamentar a propriedade aos ocupantes do Núcleo, atendendo ao preceito constitucional de garantir moradia digna à população.

Renovamos nossos protestos de estima e consideração.

Prefeito Municipal

Segóvia, xx de xx de 202x.

8. Modelo de Ofício encaminhado às concessionárias de energia elétrica, de abastecimento de água, coleta e tratamento de esgoto etc.

Ilmo. Sr. Superintendente da Empresa ...

Vimos por este informar essa concessionária que a Prefeitura Municipal de Segóvia, inscrita no CNPJ sob o nº xxx, abriu processo administrativo para Regularização Fundiária do Núcleo xxx, localizado na Rua xxx, bairro xxx, nesta cidade, onde vivem xxx famílias, ocupando área de xxx m², instalado desde o ano de xxxx, preenchendo, portanto, os requisitos da Lei nº 13.465/2017. A Coordenação dos trabalhos será feita pelo Diretor (ou Secretário, ou outro servidor), que ficará à disposição para atender aos munícipes interessados, na sede da Diretoria (ou Secretaria), situada na Rua xxx, no horário comercial.

Seguem informações sobre a localização do Núcleo, confrontantes, áreas institucionais, logradouros públicos e matrículas anteriores que talvez lhe possam auxiliar na identificação do lugar e acerca do rol de usuários que essa empresa já atende e para o planejamento de expansão da rede de atendimento para contemplar o referido Núcleo.

Solicitamos, assim, V. imprescindível colaboração para que possamos levar a bom termo o objetivo principal da Lei nº 13.465/2017, que é regulamentar a propriedade aos ocupantes do Núcleo, atendendo ao preceito constitucional de garantir moradia digna à população, o que inclui o serviço de infraestrutura urbana prestado por essa empresa.

Renovamos nossos protestos de estima e consideração.

Prefeito Municipal

Segóvia, xx de xx de 202x.

9. Modelo de Ofício encaminhado ao Cartório de Imóveis da Comarca de Segóvia

Ilmo. Sr. Registrador

Vimos por este informar o Cartório de Imóveis de nossa Comarca que a Prefeitura Municipal de Segóvia, inscrita no CNPJ sob o nº xxx, abriu processo administrativo para Regularização Fundiária do Núcleo xxx, localizado na Rua xxx, bairro xxx, nesta cidade, onde vivem xxx famílias, ocupando área de xxx m^2, instalado desde o ano de xxxx, preenchendo, portanto, os requisitos da Lei nº 13.465/2017. A Coordenação dos trabalhos será feita pelo Diretor (ou Secretário, ou outro servidor), que ficará à disposição para atender aos munícipes interessados, na sede da Diretoria (ou Secretaria), situada na Rua xxx, no horário comercial.

Seguem informações sobre a localização do Núcleo, confrontantes, áreas institucionais, logradouros públicos e matrículas anteriores que talvez lhe possam auxiliar na identificação do lugar.

Solicitamos, assim, V. imprescindível colaboração para que possamos levar a bom termo o objetivo principal da Lei nº 13.465/2017, que é regulamentar a propriedade aos ocupantes do Núcleo, atendendo ao preceito constitucional de garantir moradia digna à população.

Renovamos nossos protestos de estima e consideração.

Prefeito Municipal
Segóvia, xx de xx de 202x.

10. Modelo de Edital de Abertura do Processo Administrativo de REURB

Saibam quantos virem o presente Edital ou dele tiverem conhecimento, que a Prefeitura Municipal de Segóvia, Estado de xxx, pessoa jurídica de direito público inscrita no CNPJ sob nº xxx, instaurou o processo administrativo para regularização fundiária do Núcleo xxx, localizado na Rua xxx, bairro xxx, nesta cidade, onde vivem xxx famílias, ocupando área de xxx m², instalado desde o ano de xxxx, preenchendo, portanto, os requisitos da Lei nº 13.465/2017. A Coordenação dos trabalhos será feita pelo Diretor (ou Secretário, ou outro servidor), que ficará à disposição para atender aos interessados, na sede da Diretoria (ou Secretaria), situada na Rua xxx, no horário comercial.

Prefeito Municipal

Segóvia, xx de xx de 20xx.

11. Modelo de Notificação de Confrontante

Prezado Sr. Xxx

Endereço xxx

A Prefeitura Municipal de Segóvia, sediada na Rua xxx, neste município, CNPJ nº xxx, neste ato representada pelo Secretário Municipal de ..., fulano de tal, portador do RG nº e do CPF nº xxx, informa que instaurou processo administrativo para regularização fundiária do núcleo xxx, com fundamento na Lei nº 13.465/2017, cujo terreno confronta com o eu imóvel, situado na Rua xxx.

Em cumprimento ao disposto na referida Lei, fica o Sr. notificado, tendo o prazo de trinta dias, a contar desta data, para manifestar-se ou impugnar esse procedimento. O silêncio será entendido como manifestação tácita de concordância, como prescreve a Lei nº 13.465/2017.

Secretário Municipal de ... (ou Prefeito, obviamente)

Segóvia, xx de xx de 20xx.

12. Modelo de Auto de Demarcação Urbanística

A Secretaria Municipal de ... do Município de Segóvia, no uso das atribuições legais e considerando o que consta do processo administrativo de regularização nº xx, FAZ SABER que o terreno urbano localizado no bairro xxx, com área total de xxx m², que tem as características, dimensões e confrontações abaixo descritas, foi DEMARCADO pela equipe técnica desta Secretaria para fins de regularização fundiária urbana.

A descrição do perímetro do terreno se inicia no vértice 1, de coordenadas xxx (colocar toda a descrição resultante do levantamento georreferenciado).

Secretário Municipal ... (ou o Prefeito, obviamente)
Segóvia, xx de xx de 20xx.

13. Modelo de Certidão de Regularização Fundiária (CRF)

A Prefeitura de Segóvia, Estado de xxx, no uso das atribuições que lhe foram conferidas nos termos da Lei Federal nº 13.465/2017, expede a presente **CERTIDÃO DE REGULARIZAÇÃO FUNDIÁRIA** para o **Conjunto Habitacional Segóvia D**, de propriedade da Companhia de Habitação, registrada na Matrícula nº xxx e que possui as seguintes características:

Processo Administrativo: XXX/20xx

Requerente: Companhia de Habitação

Proprietário: Companhia de Habitação

Responsável Técnico: xxxxxxx

CREA/CAU: xxxxxx

Localização: Rua ________________________________

Modalidade da Regularização Fundiária Urbana: REURB de Interesse Social (REURB-S)

Tipo de Empreendimento:

( ) Loteamento ( ) Desmembramento

(**X**) Conjunto Habitacional ( ) Condomínio

Especificação das áreas do Conjunto Habitacional:

Especificação	Área (M^2)	%
Área total de lotes		
Áreas públicas (total)		
Sistema viário		
Áreas institucionais (Equipamentos urbanos)		
Áreas institucionais (Equipamentos comunitários)		
Sistemas de lazer		
Áreas verdes		
Área *non aedificandi* incorporada ao projeto		
Área total do parcelamento		**100,00**

A Prefeitura Municipal de Segóvia, nos termos do artigo 12 da Lei Federal nº 13.465/2017, declara que a presente certidão contempla a aprovação urbanística do projeto de regularização do Conjunto Habitacional Segóvia D.

De acordo com o § 4º, artigo 12 da Lei nº 13.465/2017, informamos que a aprovação ambiental do projeto de regularização do Conjunto Habitacional foi feita através do Programa de Regularização, com a Declaração de Conformidade Urbanística e Ambiental (DCUA) emitida em xx/xx/xxxx. Informamos também que a gleba não foi utilizada para aterro/ depósito de materiais que possam trazer risco à saúde da população; não se situa em área potencialmente suscetível a problemas geológicos/ geotécnicos; não possui quadras com declividade superior a 30%; e não está sujeita a inundação, sem necessidade de quaisquer outras aprovações ambientais de qualquer natureza ou espécie, uma vez que a situação fática continua imutável.

A legislação atual que prevê a regularização fundiária em núcleos urbanos irregulares, no artigo 75 da Lei Federal nº 13.465/2017, esclarece que em todos aqueles procedimentos iniciados antes da vigência da lei, pode ser aplicado os mesmos critérios e adequações estabelecidas para REURBs, e que garantam o direito de moradia, sem necessidade de reaprovação ou apresentação de projetos novos.

O Conjunto Habitacional Segóvia D está provido da infraestrutura essencial, nos termos do § 1º do artigo 36 da Lei Federal nº 13.465/2017, composto por sistema de abastecimento de água potável, sistema de coleta e tratamento de esgotamento sanitário, rede de energia elétrica pública e domiciliar, sistema de drenagem de águas pluviais e sistema viário pavimentado.

A Prefeitura Municipal de Segóvia, informa que as notificações dos confrontantes foram realizadas e devidamente formalizadas, e que não há óbice quanto à regularização do empreendimento.

Secretário Municipal de ... (ou Prefeito)
Segóvia, xx de xx de 20xx.

REFERÊNCIAS

BARCELLOS, Logan Caldas. Uma breve introdução ao pensamento jurídico de Niklas Luhmann. *Revista Sociologia Jurídica*, nº 12, jan./jul. 2011. Disponível em: https://sociologiajuridica.net/uma-breve-introducao-ao-pensamento-juridico-de-niklas-luhmann/. Acesso em: 17 jul. 2017.

BESSONE, Darcy. *Direitos reais*. 2. ed. São Paulo: Saraiva, 1996.

BOLAFFI, Gabriel. Habitação e urbanismo: o problema e o falso problema. *In:* MARICATO, Ermínia (org.). *A produção capitalista da casa e da cidade no Brasil industrial*. 2. ed. São Paulo: Alfa-Ômega, 1982.

BONDUKI, Nabil G. (org.). *Habitat*. São Paulo: Studio Nobel, 1996.

BONDUKI, Nabil G. Origens da habitação social no Brasil. *Análise Social*, v. 127, 1994.

BUENO, Eduardo. *Brasil*: uma história: cinco séculos de um país em construção. Rio de Janeiro: Leya, 2012.

COSTA, Moacir Lobo da. *O direito público subjetivo e a doutrina de Duguit*. São Paulo: Revistas USP/Faculdade de Direito, 1951. Disponível em: https://www.revistas.usp.br/rfdusp/article/view/66172. Acesso em: 11 jul. 2017.

FERNANDES, Edésio (org.). *Direito urbanístico*. Belo Horizonte: Del Rey, 1998.

GOMES, Laurentino. *1808*. São Paulo: Editora Planeta do Brasil, 2007.

HOLSTON, James. *Cidadania insurgente*. São Paulo: Cia. das Letras, 2013.

KOWARICK, Lúcio. *A espoliação urbana*. São Paulo: Paz e Terra, 1980.

LEFEBVRE, Henri. *O direito à cidade*. São Paulo: Centauro, 2016.

LIMA, Luziano Pereira Mendes de. *A atuação da esquerda no processo constituinte:* 1986-1988. 2009. Dissertação (Mestrado em Direito) – Instituto de Filosofia e Ciências Humanas da Universidade Estadual de Campinas, Campinas, 2009.

LOJKINE, Jean. *O estado capitalista e a questão urbana*. São Paulo: Martins Fontes, 1981.

MARRARA, Thiago. Artigo publicado na internet em 3 abr. 2019. Disponível em: genjuridico.com.br. Acesso em: 25 maio 2020.

MELO JÚNIOR, Luiz Cláudio Moreira. A teoria dos sistemas sociais em Niklas Luhmann. *Sociedade e Estado*, Brasília, 2013, v. 28, nº 3. Disponível em: 2013https://periodicos.unb.br/index.php/sociedade/article/view/5845. Acesso em: 25 jan. 2017.

MINISTÉRIO DAS CIDADES. *Política habitacional e a integração urbana de assentamentos precários*: parâmetros conceituais, técnicos e metodológicos. Brasília, 2007.

OLIVEIRA, Carlos Eduardo Elias de. *O que é o direito real de laje à luz da Lei nº 13.465/2017*. Disponível em: www.conjur.com.br/2017-set-18. Acesso em: 28 maio 2020.

REALE, Miguel. *Filosofia do direito*. 4. ed. São Paulo: Saraiva, 1965.

RODRIGUES, Silvio. *Direito civil*. 27. ed. São Paulo: Saraiva, 2002. 5 v.

ROLNIK, Raquel (org.). *Regularização fundiária plena*: referências conceituais. Brasília: Ministério das Cidades, 2007.

SALEME, Edson Ricardo. *Comentários ao Estatuto da Cidade*. Belo Horizonte: Arraes Editores, 2018.

SAULE, Nelson Júnior (coord.). *O direito à cidade*. São Paulo: Max Limonad, 1999.

SMITH, Roberto. *Propriedade da terra & transição*. São Paulo: Brasiliense, 1990.

SOUZA, Cristiana de. Os sistemas plurais de direito e as mudanças pela Emenda Constitucional nº 45. *Revista de Sociologia Jurídica*, nº 2, jan./jun. 2006. Disponível em: https://sociologiajuridica.net/os-sistemas-plurais-de-direito-e-as-mudancas-introduzida-pela-emenda-constitucional-no-45/. Acesso em: 17 jul. 2017.

VARELA, Laura Beck. *Das sesmarias à propriedade moderna*: um estudo de história do direito brasileiro. Rio de Janeiro: Renovar, 2005.

VIOTTI DA COSTA, Emília. José Bonifácio: mito e história. *In: Da Monarquia à República*: momentos decisivos. São Paulo: Brasiliense, 1985.